UN OISEAU SAUVE UN PRISONNIER

UN OISEAU SAUVE UN PRISONNIER

Par

Nadine Mirande

Mes chers lecteurs, j'espère que mon livre va vous plaire. J'ai connu une personne incarcérée à tort et j'en ai fait un roman. L'histoire se déroule dans une prison de Nice, en France où l'avocat commis d'office se révèle être un manipulateur et met tous les magistrats sous une emprise.

Plusieurs avocats de l'extérieur tentent d'intervenir pour aider le détenu, mais ils sont rejetés par l'avocat commis d'office, par suite de jalousie.

Condamné à tort

Il travaillait dans une entreprise où il était engagé comme trésorier. Il était très doué en informatique, mais malheureusement il a été manipulé par une bande de malfaiteurs, contre sa volonté, pour braquer une banque. L'un des malfaiteurs a tué un employé de la banque et a réussi à maquiller son crime contre Jean, pour le rendre coupable. Jean a donc été incarcéré pour meurtre. Il a été interrogé par la police, mais il n'est pas arrivé à prouver son innocence. Naturellement, dans l'entreprise où il travaille, il y a comme partout de la jalousie. Les personnes voulaient trouver de l'argent, afin de ne plus travailler et de vivre une belle vie. Arrivé en prison, Jean rencontre beaucoup de problèmes, car les conditions de vie sont dures et les prisonniers se disputent pour leurs survies. Une fois, il a une altercation avec un prisonnier, pour des cigarettes. Jean n'a pas envie de lui en donner et l'autre devient violent. Il est alors obligé de céder pour éviter les tensions. Il est déprimé, et il ne sait pas comment faire pour se sortir de cette affaire.

Un jour, il rencontre un prisonnier qui lui demande de lui fournir de la drogue, mais il refuse de se prêter à ce jeu, mais là encore, il le harcèle et Jean prend peur. Il va se plaindre au gardien de prison qui va mettre de l'ordre entre ce détenu et lui. Néanmoins, le détenu est interdit de sortie dans la cour pendant quelques jours, car il n'a pas le droit de trafiquer de la drogue ni de harceler un autre détenu pour lui en demander. Il doit s'expliquer avec un responsable, mais il nie tout. Il menace d'avoir la peau de Jean, alors il est muté ailleurs.

Un jour dans sa cellule, désespéré en essayant de s'adresser à Dieu, soudain un petit oiseau entre sur sa fenêtre et chante. Jean reste attentif et l'observe. Il reçoit son repas en cellule où il est tranquille, mais cinq jours plus tard, alors qu'il se repose, soudain le petit oiseau revient à nouveau. Jean lui dit qu'il a de la chance d'avoir sa liberté, tandis que lui a été condamné à tort.
Il va demander au gardien de prison d'acheter des graines pour oiseaux.

Jean va tomber amoureux d'une gardienne de prison qui lui offre un peu de soutien. C'est une jolie femme qui aurait pu devenir avocate, car elle a souffert également d'injustices. Elle a de l'empathie pour certains prisonniers qui sont condamnés à tort. Mais elle sait que très souvent, ce sont ceux qui ont de l'argent qui peuvent réussir à s'en sortir pour retrouver leur liberté. Pour pouvoir s'aimer un peu, ils doivent se cacher, car toute liaison est interdite en prison. Ils partageront cependant quelques moments agréables. Un soir, ils s'aiment par un beau clair de lune et mangent ensemble dans la cellule de Jean. Malheureusement ils se font piéger, car elle est restée trop longtemps dans la cellule et la situation est troublante. La direction est sévère et elle est mutée dans une autre prison. Pour Jean c'est un échec et il sombre encore plus dans la dépression. Il contacte l'infirmerie pour y recevoir des médicaments et y passe la nuit, mais en quittant les lieux, pour regagner sa cellule, il constate que l'oiseau est à nouveau sur sa fenêtre. Il le nourrit et l'oiseau lui redonne de la force pour vivre.

L'avocat commis d'office de la prison ne prend pas sa défense. Le procès va à avoir lieu ! L'avocat qui assure sa défense vient lui dire qu'il faut qu'il se prépare à être calme. Jean ne sait pas encore que cet avocat est un manipulateur et, naïf, il croit en lui. Le jour de son procès arrive, mais dans la salle il y a des connaissances qui viennent soutenir le coupable, des gens rusés prêts à toutes les dérisions, afin d'arriver à leurs fins. Tous ces gens menteurs parviennent à prononcer de faux témoignages, même en levant la main et en prêter serment devant la cour. Les magistrats sont convaincus de la vérité présentée par ces gens. Ces personnes, dont certaines ont peut-être travaillé dans la même entreprise, étaient jalouses. L'avocat qui devait assumer sa défense ne l'assume pas et il rentre déstabilisé, brisé de ce procès. Il ne comprend pas pourquoi cet avocat d'office ne l'a pas défendu. Au contraire il a attaqué tout en l'accusant d'être le meurtrier. Malheureusement il ne peut pas compter sur le soutien de sa mère, car elle a quitté le pays et elle a refait sa vie. Contrarié, Jean va passer une mauvaise nuit, mais en se réveillant le lendemain matin déprimé, le petit oiseau reviendra à nouveau chanter sur sa fenêtre. Dans cette situation, il s'attache à ce petit oiseau qui devient pratiquement son seul ami. Seul et abandonné, Jean se confie à cette petite bête qui mange les graines qu'il lui a installées. Sa voisine ne le croit pas !

Une femme vient le voir en prison. C'est une voisine d'immeuble qui le connait un peu. Elle lui fait le reproche d'avoir braqué cette banque et d'avoir tué une personne :
— Qu'est-ce qu'il vous a pris de commettre un meurtre ? Je ne vous veux plus dans l'immeuble, car je ne veux pas d'un meurtrier et je vais avertir la régie.
Elle veut lancer une pétition dans l'immeuble. Jean n'arrive pas à la convaincre qu'il a été accusé à tort. Elle a contacté la régie et Jean va être expulsé. Il prend un calmant pour se détendre.

On donne à Jean l'occasion de s'occuper dans un atelier. De cette manière, il va construire une mangeoire pour l'oiseau. Mais dans l'atelier, il y a des disputes, car les prisonniers manquent de cigarettes. Alors on vient lui demander de l'argent, presque avec des menaces. Il est obligé de céder, car les conditions de détention sont très difficiles. Les prisonniers sont très nerveux et si on n'obtempère pas, on va vers des bagarres. Un jour il est victime de forts maux de gorge et il se sent fiévreux. Il contacte le gardien de prison. En effet, il veut être examiné le plus vite possible par un médecin, car il est depuis plusieurs jours malade. Deux jours plus tard, en sonnant continuellement chez le gardien de prison, il est enfin examiné par un médecin qui lui décèle une angine, et il doit prendre des antibiotiques. Un prêtre vient lui rendre visite régulièrement pour prendre de ses nouvelles. Il lui conseille de contacter sa mère. Il hésite, puis le fait, mais l'affaire se révèle difficile, car elle a déménagé et il n'y a aucune trace. C'est l'un des gardiens de prison qui l'aide à la retrouver. Il contacte plusieurs mairies et un mois plus tard, enfin, il trouve la bonne adresse. Jean lui écrit, mais malheureusement sa mère lui répond qu'elle est surprise par ce triste évènement qui lui arrive. Elle ne veut rien savoir, car elle a refait sa vie à l'étranger. C'est son oncle qui a appris le meurtre de l'employé de banque dans la presse. Il se demande ce qu'il se passe et vient voir son neveu en prison. Jean lui raconte la vérité…

Un bon avocat, sinon l'enquête piétine

Son oncle lui affirme qu'il faut un bon avocat, sinon l'enquête peut piétiner. Le procès actuel est reporté dans un mois. L'avocat commis d'office de la prison est revenu le voir, afin de trouver de nouveaux éléments, mais Jean reste sur ses positions, en affirmant qu'il n'est pas le meurtrier. La police se désintéresse du dossier, car elle n'a pas trouvé d'autres traces. Elle est persuadée que Jean est bien le meurtrier et il a à nouveau été insulté. On le manipule, on le torture, pour lui faire avouer sa culpabilité. Plongé dans un profond désespoir, dans sa cellule, le petit oiseau réapparaît à nouveau. Le gardien de prison est tout juste d'accord de lui procurer des graines, mais naturellement personne ne comprend sa sensibilité et on se moque de lui. Il est sur son lit, en train de méditer, et il se dit être choqué par la manière dont il est traité. Seul le chant de ce petit oiseau est un signe de la nature et cela le distrait. Le prêtre vient le voir et l'informe que ce petit oiseau est un cadeau du ciel. Il reçoit une leçon de spiritualité et affirme encore une fois qu'il n'est pas le meurtrier. Après plusieurs procès, son oncle comprend que l'avocat commis d'office ne défend pas son neveu, alors il essaye de lui parler, mais sans résultat. Il ne répond pas ou il dévie la conversation. L'oncle se décide alors à contacter un autre avocat avec une certaine renommée, qui pourrait assurer la défense. Il doit le rencontrer à son cabinet pour lui parler de l'affaire. Mais il faut attendre au moins un mois, car l'avocat est débordé de travail. Il a promis qu'il contacterait l'oncle, quand il serait disponible. Quelque temps plus tard, l'avocat commis d'office n'a pas donné de réponses favorables, car ses honoraires sont trop coûteux. Il faut pratiquement être une star pour se les offrir. Encore une longue attente pour Jean, qui espérait que ce dossier serait rapidement résolu. Lorsque l'on est dans les mains de la justice, la situation est hélas bien difficile. Le jour du procès arrive, avec l'avocat commis d'office de la prison, mais au dernier moment on l'informe qu'il ne peut pas avoir lieu, car l'un des magistrats est absent. Il reste dans sa cellule et lit un livre.

L'attente pour Jean est terrible et insupportable. Un jour, en sortant de la douche, il voit deux hommes s'embrasser d'une manière amoureuse. Ils savent qu'ils ont été vus et que c'est interdit en prison. L'un devient menaçant, lui demandant de fermer sa bouche et de ne rien ébruiter. Jean obéit pour obtenir la paix.

Une nuit, Jean entend des hurlements et contacte le gardien. Il a bien agi, car c'est un détenu qui a tenté de se suicider. Il avait préparé une corde fabriquée de lacets pour se pendre. Il a pu être sauvé à temps grâce à son intervention, car le gardien de prison est tout de suite intervenu. Ce détenu a tué un copain pendant une fête arrosée. Il ne savait plus ce qu'il faisait, car le copain le provoquait. Il était 3 heures du matin, alors il l'aurait poussé du rebord du balcon. Le copain est et tombé du 4e étage et a été tué sur le coup. Pour lui, c'était un accident, mais il doit purger sa peine. Il n'a pas envie, mais il se sent coupable. Il sait ce qu'il l'attend, car un jour, pendant la promenade, un prisonnier lui affirme :

— Mon gars, si tu n'as pas d'argent tu vas pourrir ici ! Très peu de gens peuvent vivre longtemps dans de telles conditions.

Dans tous les journaux de la ville, des articles sont publiés, disant qu'un employé d'une entreprise a tué un employé de banque. Sur les forums des journaux, beaucoup de commentaires haineux disent qu'il mérite la peine de mort. Son oncle est furieux et il espère que Jean dit la vérité ; il vient le voir. Il lui dit :

— Des choses pareilles peuvent aller loin et je crois que tu n'as pas mesuré la gravité des conséquences. Il ne fallait pas te laisser entrainer. Ta vie sociale va être détruite !

Jean sombre à nouveau, mais explique qu'il a été manipulé et harcelé par une bande de malfaiteurs, alors ce n'est pas tout à fait de sa faute. Il pleure ; au même moment, le prêtre arrive et il lui demande de patienter, de s'émerveiller devant des choses simples de la vie. Comme de lire la chanson de Gilbert Bécaud :

Le petit oiseau de toutes les couleurs

Ce matin je sors de chez moi
Il m'attendait, il était là
Il sautillait sur le trottoir
Mon Dieu qu'il était drôle à voir.

Le petit oiseau de toutes les couleurs
Le petit oiseau de toutes les couleurs
ça fait longtemps que je ne l'avais pas vu
Le petit oiseau dans ma rue
Je ne sais pas ce qu'il m'a pris
Il faisait beau, je l'ai suivi
Le petit oiseau de toutes les couleurs.
On est arrivé sur le port
Il chantait de plus en plus fort
S'est retourné , m'a regardé
Au bout d'la mer il s'est envolé
Le petit oiseau de toutes les couleurs
Ce petit oiseau de toutes les couleurs
Ce petit oiseau de toutes les couleurs
Où tu m'emmènes dis où tu m'entraines dis
Pas si vite dis attends-moi
Comme tu es pressé dis tu as rendez-vous dis
Là où tu vas dis je viens avec toi
On passe devant chez Lucio
Qui me fait hé qui me fait ho
Je ne suis pas arrêté
Pardon l'ami je cours après
Le petit oiseau de toutes les couleurs
Le petit oiseau de toutes les couleurs

Un chanteur va venir faire une animation, alors les prisonniers sont invités à participer. Le chanteur arrive, et c'est un moment de bonheur et de détente pour Jean de s'évader dans une certaine liberté. Il chante des chansons de Michel Sardou et joue des chansons de Céline Dion. Plusieurs détenus sont émerveillés par cette musique. Après le petit concert, Jean manifeste son désarroi et le chanteur est à l'écoute de sa détresse. Il lui répond qu'il ne sera pas le dernier à être accusé à tort et qu'il y a beaucoup de gens malhonnêtes. Il lui demande de s'armer de courage et de patienter : il faut un bon avocat et les choses entrent vite dans l'ordre, lui dit-il. Les détenus rentrent à nouveau dans leurs cellules, après avoir savouré quelques croquemonsieurs et des chips en guise d'apéritif, qui étaient là à leur disposition.

Dans la nuit, un prisonnier est malade et crie. Il a de forts maux de tête et de la fièvre ; il a des vertiges et des frissons. L'infirmier vient le voir et il lui donne des médicaments. Il va contacter le médecin qui va venir l'examiner. Il est convoqué à l'infirmerie où le médecin lui décèle un scorbut, une très grande carence en vitamine C, car il a perdu une dent et il a les gencives très enflammées. Il est mis en quarantaine dans une cellule où il est seul. L'infirmier est allé à l'hôpital lui chercher de la vitamine C, qu'il doit prendre tous les jours.

Une fois par semaine, la direction a ordonné l'inspection des cellules et une fouille corporelle, pour vérifier que les détenus ne cachent pas de la drogue ou une arme quelque part. Aujourd'hui, le gardien de prison vient faire un contrôle chez Jean et, heureusement, ne trouve rien.

C'est à la suite d'une altercation avec l'avocat commis d'office de la prison que ce dernier a certainement décidé de lui faire nettoyer la prison. C'est en fait une punition, pour avoir osé demander les raisons de ne l'avoir pas défendu pendant le procès, et il s'est fâché. Il ne savait pas qu'il n'avait pas le droit. Il déformait tout en racontant des mensonges, alors il a voulu rectifier cette soi-disant erreur, et l'affaire s'est retournée contre lui. Depuis, on le traite comme un bouc émissaire et l'ambiance pour lui est insupportable. Il rencontre par hasard un autre détenu qui est également dans le pétrin. Ils auront quelques échanges, mais l'autre reste agressif. Il est certainement jaloux que Jean puisse peut-être rencontrer un autre avocat qui pourrait le sortir de cet enfer. Il lui affirme que l'avocat d'office de la prison n'est capable ni de défendre les détenus ni de les aider. De cette manière, ils sont cloués à vie en prison. Un autre prisonnier lui explique qu'un homme âgé s'est suicidé, car il ne supportait pas d'être séparé de sa femme. Il avait été condamné à tort.

Plusieurs prisonniers sont tombés malades. Ils ont des maux de ventre, des vomissements et un peu de température. L'infirmerie distribue des antibiotiques afin de les soigner. Le prêtre a acheté des vitamines pour booster Jean. Il se soigne, car il est atteint souvent de troubles digestifs, à la suite des repas de la cantine. C'est une nourriture industrielle difficile à digérer. Jean tombe très souvent malade pour cette nourriture qu'il ne supporte pas, et il écrit au prêtre pour se confier.

Soudain, Jean est appelé par un autre avocat qui vient d'arriver pour lui parler. Il veut tenter sa chance avec ce dossier. C'est l'ami d'une connaissance de son oncle qui le lui a envoyé et il demande de raconter les faits du braquage. Jean lui explique qu'il n'est pas le meurtrier et que l'un de la bande voulait lui faire peur avec un pistolet qu'il ne croyait pas chargé et il a tiré en l'air. Seulement, le pistolet était bien chargé et l'employé est mort. La bande de malfaiteurs a pris la fuite et Jean s'est retrouvé au bureau de police, pour ensuite être incarcéré. La bande, ce sont certainement des employés de l'entreprise très méchants, menaçants, qui l'ont forcé à faire ce braquage.

Je vais ouvrir une enquête et déposer plainte contre X, affirme l'autre avocat commis d'office. Mais l'avocat commis d'office de la prison est très vite informé de la venue de ce nouvel avocat et ils sont en désaccord. Une dispute commence entre eux et l'avocat commis d'office de la prison lui répond :

— Vous n'allez pas m'apprendre mon métier, cela fait des années que je défends les prisonniers.

L'autre avocat commis d'office de l'extérieur lui répond qu'il connait parfaitement son métier.

— On se verra au tribunal !

Les disputes continuent, car l'avocat commis d'office de la prison veut empêcher la venue de cet avocat pour le procès. Il en touche un mot à la cour...

Attendons, lui répond l'un des juges.

Malheureux de son sort, déjà aigri de son métier et jaloux, l'avocat commis d'office de la prison fait barrage, et l'avocat de l'extérieur est obligé de partir. Jean est à nouveau triste et, en rentrant dans sa cellule, il voit ce petit oiseau, qui est comme un miroir pour lui...

Cet avocat commis d'office de l'extérieur tente de faire un procès ailleurs, mais c'est très difficile, car Jean est enregistré à la prison de Nice et il n'y a aucune possibilité de le faire ailleurs. La situation reste très compliquée. Jean est bloqué à Nice et dans le palais de justice. Il doit vivre avec cette réalité.

Dans la prison, l'un des prisonniers est atteint d'une crise de nerfs de rester enfermé. Mais quelques jours plus tard, il a organisé sa sortie avec un hélicoptère qui est venu le chercher sur le toit. Il a de la famille à l'étranger, alors il veut y rester. Il aura de la chance, car il est introuvable par la police.

Le procès de Jean a lieu avec l'avocat commis d'office, mais les choses restent toujours inchangées. Pas de preuves suffisantes pour inculper le vrai meurtrier et à la barre les mêmes personnes malhonnêtes qui n'ont pas honte de fournir de faux témoignages. L'avocat commis d'office ne le défend toujours pas, au contraire, il le provoque. Il n'y a que son oncle qui le soutient, tout en affirmant que son neveu n'a jamais commis de meurtre et Jean retourne frustré dans sa cellule.

Quelques jours plus tard, il y a une tragédie. Un

détenu a voulu prendre une douche avec son téléphone portable branché, où il cherchait de l'aide dans son inculpation. Il a été électrocuté dans la salle de douche. Il hurlait, alors un gardien de prison est allé voir ce qu'il se passait et il a découvert cet homme inanimé. Un médecin est venu constater le décès, car hélas il ne pouvait pas le réanimer. Il a essayé de faire redémarrer le cœur, mais ce n'était pas possible. Le gardien de prison a mis un écriteau à la cantine, de faire attention, car l'électricité et l'eau restent dangereuses. Un téléphone portable branché près de l'eau est irréversible. Plusieurs détenus ont été choqués des cris, dont certains ont été à l'infirmerie chercher des médicaments.

Aujourd'hui c'est son anniversaire. Le prêtre et un enfant de l'église sont venus le voir. Ils ont réussi à cacher la boite de chocolat et l'emmener à la réception, ainsi que des oranges que Jean a le droit de recevoir. Il explique à l'enfant qu'il y a un petit oiseau qui vient sur sa fenêtre. Il est beau et parfois il chante. Il l'a baptisé «Fifi ». C'est l'enfant qui semble intéressé et il trouve que c'est beau de nourrir un petit oiseau. Le temps est écoulé pour partir et un dernier mot de l'enfant âgé de 9 ans :
— Prends-le en photo !
Mais il n'a pas le droit. Il ira enjôler le gardien de prison pour libérer Jean.
L'oncle, qui est le frère du père décédé de Jean, va faire un tour à la banque qu'ils ont tenté de braquer, pour essayer de trouver des indices. Il voudrait sauver son neveu qui est

dans un pétrin. Aux guichets il y a des vidéos de surveillances, mais il ne sait pas à quel endroit se trouve le coffre. L'employée répond, que c'est le travail de la police de le trouver. L'oncle va voir la police, mais elle lui répond qu'ils ont fait des recherches, mais les résultats n'ont pas été concluants. Il demande à nouveau à la police de faire des recherches approfondies et elle lui répond qu'il faut l'autorisation du responsable. L'oncle constate que l'enquête n'avance pas et il est furieux. L'une des employées de police lui répond que sans don d'argent rien ne se fait. Il a compris le message. Il téléphone à l'avocat qui lui répond qu'il est débordé de travail et qu'une enquête approfondie va avoir lieu. Il fait miroiter l'oncle, car il ne va pas assumer. Mais peu de temps plus tard, l'oncle va découvrir que l'avocat commis d'office de la prison a mis la police sous emprise et dans ces conditions elle est bloquée. Entretemps Jean s'occupe à nouveau à l'atelier où il fait des statues en bois. C'est pour lui une nécessité de s'occuper, et il doit faire attention avec les détenus de ne pas tomber dans un engrenage de bagarres, de devoir donner ses affaires qui pourraient mettre sa liberté en danger. Il a promis au prêtre de bien se tenir.

Soudain l'oiseau entre dans sa cellule pendant qu'il fait le ménage, et il se pose pour la première fois sur son épaule pendant quelques secondes. Jean n'en revient pas. Il lui parle, car pour lui c'est son unique ami en prison. Il entre dans une émotion, car il n'a jamais vécu ce genre de situation et il s'y accroche.   Un soir il va regarder la télévision dans l'atelier où il regarde un match de football entre la France et L'Angleterre, et la France a gagné. Il sort content et il espère revoir ce petit oiseau. Il entre à nouveau dans sa cellule.

Etant donné que le procès de Jean est bloqué avec maître Averri, l'avocat commis d'office de la prison, ce jeune avocat était curieux et il a tenu à faire le procès. Malheureusement ce jeune avocat commis d'office de l'extérieur procède à des questions qui ne font pas l'unanimité auprès de la cour et l'avocat commis d'office de la prison est entré dans la salle d'audience et il s'en mêle. On demande à Jean pourquoi il a participé au braquage, et il répond qu'il était sous emprise de plusieurs personnes, et qu'il était obligé de le faire. Il questionne les personnes et ils sont déprimés de se sentir sous pression, alors l'avocat commis d'office de la prison lui répond :
— Vous n'avez pas le droit de questionner de cette manière !
Il s'adresse à la cour pour répondre : « objection ».
« Objection accordée », répond l'un des magistrats. L'oncle de Jean qui a assisté au procès, découvre qu'il n'y a aucun sens dans les paroles de l'avocat commis d'office de la prison. : Il manipule la cour dans son propre intérêt et cette manière de travailler n'a rien à voir avec la justice, et il est choqué. Une partie de la nuit, Jean reste éveillé, car il y a un beau clair de lune. Il se dit que la lune est très belle, pratiquement magique avec toutes ces étoiles. Il se dit avouer d'avoir fait une grande faute de s'être laissé

manipulé et qu'il est maintenant en prison. Il se dit que c'est difficile lorsque l'on est pris au piège et il n'aurait jamais cru qu'il y aurait autant de gens malhonnêtes. Il fait une petite prière que le prêtre lui a apprise. Il regrette son père avec lequel il avait un bon contact, mais il est décédé dans un accident. En regardant les étoiles, il pense à lui.

Son oncle lui affirme le lendemain, lorsqu'il vient le voir, que dans un journal il y a un article que celui qui a tiré sur l'employé et l'a tué est prié de se rendre au commissariat de police. L'oncle n'y croit pas que le vrai meurtrier va se rendre. C'est un article inutile et il faudrait un miracle pour que les choses prennent une autre tournure. Il espère toujours que la vie de son neveu va s'améliorer, mais il ne sait pas comment pour le moment.

Tôt le matin le petit oiseau revient, lorsqu'il est dans son chagrin de cette solitude difficile à affronter. Il chante très fort ce petit oiseau, et il lui parle en faisant des « cuit ! cuit !». Peu de temps après, le prêtre revient avec une chanson sur l'oiseau :

Chanson sur l'oiseau (de Calogero)

Je connais les brumes claires
La neige rose des matins d'hiver
Je pourrais te retrouver.
Le lièvre blanc qu'on ne voit jamais
Mais l'oiseau s'est envolé

Et moi je te trouverai
Car j'ai vu l'oiseau voler
Je sais qu'il partait
Si jamais je rencontrais
Le bel oiseau qui s'est envolé
S'il vient de son voyage
Tout près de toi le long du rivage
Mais vois-tu je lui raconterais
Combien pour toi je sais qu'il a compté
C'est l'oiseau que tu aimais
L'oiseau jaloux je t'ai deviné
S'il revient de son voyage
Je lui dirais que tu l'attendais.
Je l'ai entendu pleurer
Le bel oiseau que le vent chassait
Je voudrais tout te donner
Mais toi pourquoi ne dis-tu rien ?
Quel est ton secret ?
Combien est parti à regret.

L'infirmier a trouvé à l'extérieur un oiseau sur le sol et il est blessé. Il semble avoir une aile cassée. Il l'amène en cachette à Jean dans le but de le soigner, afin qu'il puisse à nouveau voler. Il lui amène dans une boite de carton spéciale et des gants pour se protéger des coups de bec douloureux et d'une éventuelle maladie transmissible à l'homme. Jean est content et il prend ce travail très à cœur, de le remettre sur pied. Il va le garder un certain temps, car il trouve que cela lui fait une occupation. Il est seul pour s'en occuper et c'est difficile de pouvoir le prendre. L'infirmier n'a pas le droit de venir pour le moment, car c'est strictement interdit, alors il doit patienter. Après quelque temps, un soir lorsque Jean appelle l'infirmerie pour aller chercher ses médicaments, il parle des petits progrès de ce petit oiseau, qui se laisse un peu apprivoiser et qui est content de recevoir de la nourriture.

Jean mentionne dans son journal, qu'il voulait pour mieux pouvoir dormir, changer de matelas, mais sa demande a été rejetée. Il a des nuits d'insomnies et des douleurs au dos qu'il doit supporter. La direction trouve qu'il est encore jeune pour espérer à des gouts de luxe et il est triste. Il doit supporter de se coucher dans ce lit froid, inconfortable, au sol, qu'il déteste, avec un tout petit matelas. Le lendemain matin c'est « Fifi » qui refait surface avec son petit cri. Comme d'habitude il lui dit qu'il a de la chance d'avoir sa liberté.

L'oncle de Jean voit dans la presse un article malveillant sur l'avocat au nom « Du soleil » qui a commencé à s'intéresser au dossier du meurtrier, mais l'oncle a tout de suite compris que cette prison ne veut à nouveau pas de cet avocat et d'autre part elle accable et accuse le meurtrier Jean. La personne semble vouloir le détruire. Et cette personne pourrait être l'avocat commis d'office de la prison. C'est un homme sournois qui semble être au pouvoir et décider des évènements et il semble dangereux. Malheureusement on ne peut pas contrer ces gens. En France très souvent tout est permis : L'oncle dira à ses connaissances que Jean avec cette affaire est dans la gueule du loup et il est dégouté. Le prêtre est également persuadé que la police est manipulée par l'avocat commis d'office de la prison. Il a essayé de lui parler, mais elle n'a rien répondu, car elle ne veut pas se mouiller.

Le prêtre rend visite à Jean. Sa venue lui fait du bien, car il lui sert un peu de thérapeute. Ayant assisté discrètement aux procès, il lui affirme aussi que l'avocat commis d'office semble être bizarre. À l'entendre parler, il ne fait pas correctement son travail avec vous. Il lui dit :
— Il est sans doute jaloux et il ne veut pas que vous puissiez vous en sortir. Pour moi il a un problème et il ne veut pas que la personne puisse réussir. Au contraire, il l'enfonce dans ses failles...

Il faut attendre l'arrivée d'un nouvel avocat commis d'office qui serait accepté dans cette cour de magistrat. Il sait que c'est difficile, mais on ne peut rien faire avec de telles personnes. ! Il lui a amené quelques oranges pour éviter des carences en vitamine C. Jean a regagné sa cellule en étant déprimé et il va dormir. Le lendemain il vérifie si l'oiseau blessé peut à nouveau voler. Non, il ne peut pas encore, alors il va continuer de le renforcer. Il mange, alors il est sur la bonne voie. Mais il n'aime pas les soins, alors il a essayé de lui donner des coups de bec et, heureusement que les gants le protègent.

Jean est retourné à l'atelier où il fait des dessins.

Cela l'occupe et cela lui permet de penser à autre chose. Puis il doit à nouveau ranger la cantine. Il le mentionne dans un petit journal, qu'il a commencé à écrire pour essayer de se libérer du poids lourd qu'il porte. On lui a attribué des tâches ménagères de vengeance et il est obligé. Plusieurs prisonniers se plaignent que la nourriture est infecte et ils demandent d'autres repas, mais la prison ne propose rien d'autre. Les détenus sont obligés d'accepter ce qu'on leur propose. Alors ils deviennent agressifs, tellement agressifs, qu'ils provoquent n'importe qui, et c'est une situation qu'il faut supporter. Pour éviter des bagarres, Jean a commandé son repas du soir, qu'il va manger dans sa cellule.

Aujourd'hui c'est un jour de pluie. Il voit à travers certains barreaux la pluie qui tombe, et c'est encore un temps de déprime. Il peut trouver de la détente à travers les calmants. La nuit va être longue se dit-il, et comment il a pu en arriver à cette situation si difficile? Il s'endort quelques heures et se réveille à nouveau choqué. Il croit faire un mauvais rêve. Le lendemain, lorsqu'il revient de la douche, il trouve le petit oiseau à nouveau sur le rebord sur sa fenêtre. Qu'il est mignon, une petite douceur dans un monde de malhonnêtes. Il vient à nouveau une minute sur son épaule, un vrai bonheur. La chanson de Michel Fugain est bien adaptée :

Fais comme l'oiseau

Qui vit d'eau pure et d'eau fraiche un oiseau.
Mais rien n'empêche l'oiseau d'aller plus haut.
Mais je suis seul dans l'univers,
J'ai peur du ciel et de l'hiver
J'ai peur de toutes les guerres
J'ai peur du temps qui passe,
Et comment vivre aujourd'hui
J'ai peur des fous de la guerre.
Fais comme l'oiseau, ça vit d'eau fraiche, un oiseau
Et rien ne l'empêche l'oiseau
D'aller plus haut.
Mais l'amour dont on m'a parlé
Cet amour que l'on m'a chanté
De sauver l'humanité
Je n'en vois pas la trace, dis comment
On va faire sans lui
Sous quelle étoile dans quel pays
Je n'y crois plus, je n'y crois pas, je suis perdu.
Fais comme l'oiseau ça vit d'eau fraiche
Un oiseau, et rien ne l'empêche l'oiseau
D'aller plus haut…

Jean est allé se promener dans la cour, et il a à nouveau croisé des détenus énervés de se retrouver en prison. L'un lui adresse la parole avec méchanceté :
— Tu es en prison et tu vas y rester, bien fait pour toi !
Pour se défendre de leur agressivité, il leur a touché un mot

qu'il allait essayer de s'en sortir avec un autre avocat, et il a déclenché une bagarre générale. L'un voulait lui donner un coup de poing, mais il a vite quitté la cour. Mais deux autres se sont bagarrés avec violence, et l'un était étendu sur le sol et blessé. Tous jaloux se vengeaient pour leurs survies ! L'un a été hospitalisé par mesure de sécurité, et l'autre a été réincarcéré, il sera réentendu.

Jean a téléphoné au prêtre depuis le gardien de prison, qui lui a donné le conseil de ne plus rien ébruiter de ses projets avec les détenus, même s'ils sont agressifs et qu'ils le provoquent : « il ne faut pas leur répondre », et il lui a conseillé de rester dans sa cellule pour se protéger. Jean mentionne dans son journal, qu'il n'y a que Dieu qui sait à quel point les détenus sont violents et capables d'intervenir où ils peuvent.

Entretemps le petit oiseau qu'il avait soigné peut à nouveau voler. L'infirmier est venu le voir et il est d'accord afin qu'il soit relâché dans la nature. Il le relâche et l'oiseau s'envole. L'absence de ce petit oiseau lui manque et il verra si cet oiseau arrive à survivre dans la nature. Il va demander à l'infirmier de surveiller s'il voit l'oiseau, car il ne faudrait pas qu'il dépérisse.

Il demande que son repas lui soit amené dans sa cellule. Il obtient l'autorisation exceptionnelle du gardien, car c'est pour lui plus rassurant de manger seul. À la cantine il est toujours sous tension de la colère de certains détenus. Il faut toujours qu'il leur donne des choses gratuitement et il est saturé par cette ambiance.

À l'extérieur le temps est maussade avec beaucoup de vent et il pleut. Ce n'est pas un beau panorama pour lui, en étant déprimé. Il va se coucher pour digérer les choses quotidiennes, mais lorsqu'il s'endort il fait des cauchemars où il est réveillé avec des angoisses et des sueurs froides. Dans ses rêves, il a peur de rencontrer des détenus agressifs et le mauvais contact avec l'avocat d'office. Mais le lendemain matin très tôt l'oiseau revient, et il le trouve drôle, la manière comme il mange. Le prêtre est également venu lui donner des ondes positives et lui dire que ce petit oiseau vient lui souhaiter un bon réveil.

Plusieurs policiers sont venus chercher Jean pour une reconstitution des faits à la banque, qui a duré plusieurs heures. Il est fatigué de tout ce stress, mais les policiers sont venus questionner Jean, dans le but que l'enquête avance. Il y a des vidéos troublantes, qui doivent être examinées, pour refaire le procès. Même l'oncle est présent devant les faits. Jean réaffirme son innocence, mais cela ne suffit pas, selon la police. C'est l'oncle qui demande à Jean de se calmer et après plusieurs heures, il rentre dans sa cellule. C'est l'avocat commis d'office de la prison qui va l'appeler, quand le procès va pouvoir vraiment avoir lieu. La police, après avoir reçu un gain d'argent, fait des efforts et constate que l'histoire est louche. Si Jean se trouvait à un endroit précis, il n'a pas pu tirer sur l'employé. L'un des employés de police constate qu'il aurait en effet été piégé, mais que tout reste encore à prouver. La police hésite à se lancer dans une affaire si compliquée, car parfois elle reçoit des menaces de mort qui sont assez courantes en France. Encore une attente pour Jean de quelque temps, car l'affaire est très ambiguë.

Dans son journal, il écrit que les gens qui travaillent dans cette prison sont dans la malhonnêteté et qu'ils vont vers une triste évolution. On est dans la loi du plus fort, car même si le procès a lieu, chacun recherche à tirer la couverture à soi pour se protéger. C'est ce qu'il s'est passé pour les deux premiers procès. La mère d'un de la bande de malfaiteurs faisait tous les efforts pour protéger son fils, et à chaque fois que l'avocat commis d'office questionnait les gens, l'un des juges et l'avocat commis d'office de la prison ont fait objection et il n'y avait que des disputes. Ce n'était pas une salle d'audience, mais une salle pour régler les comptes. Le nouvel avocat commis d'office voudrait tenter de trouver une autre équipe de magistrats, mais il ne va pas pouvoir. Il fait une demande pour obtenir un recours, mais il y a à nouveau deux à trois semaines d'attente. Le système de la justice ne fonctionne pas bien et surtout celui de cette prison. Il ne peut pas travailler avec une équipe si bizarre. Pour ce nouvel avocat commis d'office, on dirait que tous ces juges attendent pour enfoncer les détenus et même les avocats venus de l'extérieur. C'est très bizarre. Il demande à Jean de patienter et il a les nerfs à nouveau qui craquent. L'oncle qui a assisté aux procès, et témoigné en sa faveur, trouve qu'on a à faire à un réseau de folie et à des juges très fermés à écouter une autre version. Il est furieux et il parle avec l'avocat : il faut trouver une autre solution ! Jean n'a pas le choix et doit entrer à nouveau dans sa cellule. Il va à l'infirmerie, car il souffre de maux de tête à la suite de cette situation. L'infirmier lui donne des médicaments pour apaiser sa colère. Dans sa cellule, heureusement que le petit oiseau est là, pour apaiser son état nerveux et révolté. Son oncle est venu le voir et il lui dit de s'estimer heureux si un jour il peut être libéré, car la situation s'avère très difficile. Jean a compris qu'il est dans un nid de guêpes. Il a Internet, un portable que son oncle lui a prêté, et il cherche des noms d'avocats. Il cherche à savoir s'il n'y aurait pas d'autres possibilités de faire un procès. On lui répond qu'il y a des ouvertures avec la modernisation, mais que cherchez-vous ? Il raconte son histoire et on lui répond qu'on peut lui envoyer un devis.

Encore devoir patienter dans cette prison gouvernée par des gens bizarres. Il faudrait une autre cour se dit-il ! Comment faire pour que les choses avancent ? Il n'a presque plus confiance dans les avocats actuels, et il ne sait pas où chercher des conseils dans ce monde de requins. Il pensait que son problème serait vite résolu.

Il est à nouveau appelé pour ranger la cantine, comme d'habitude ces derniers temps, et il y a beaucoup à faire : nettoyer les tables, balayer, laver, ranger, jeter. La machine à café est cassée, alors il doit avertir le gardien.

À l'extérieur il y a du soleil qui entre dans les

fenêtres, et Jean aime bien regarder à l'extérieur. Un détenu arrive pour fumer une cigarette, un moment de détente. Puis le détenu va à nouveau dans sa cellule, tout comme Jean. L'ancienne gardienne est venue lui dire bonjour pour lui demander d'être très patient dans le système de la justice. Elle rajoute qu'il fallait faire attention avant de tomber dans un piège :

— Nous commettons tous des erreurs, mais certaines sont plus difficiles que d'autres à résoudre. Il vous faudrait un avocat avec une forte personnalité qui puisse en imposer et qu'il n'ait pas peur de la confrontation avec l'avocat d'office de la prison. Le temps est écoulé et il repart dans sa cellule. On lui répond qu'il y a des avocats, mais à l'étranger, la justice n'est pas reconnue ici. À nouveau de la déception. Il a éparpillé quelques graines dans sa cellule avant de dormir et le petit oiseau est venu les manger. Il est un peu moins farouche, et Jean est enchanté de pouvoir se rendre utile, mais il envie sa liberté.

Poésie : <u>La petite mésange bleue</u>

Facétieuse et agile
Une boule de plumes
Semble tomber du ciel
Sur l'herbe du jardin
Reflets jaunes et bleus
Illuminant la brume
Elle part et revient
Toujours pleine d'entrain

Les petits yeux de jais
Pétillent de malice
Visant avidement un tas de tournesol
Elle attend patiemment l'instant
Le plus propice
Pour saisir une graine en effleurant le sol.

En s'installant alors sur une branche basse,
Elle cherche à briser l'objet de son désir.
En tapant vivement la coquille tenace
Qui cédant à l'assaut
Consent à s'entrouvrir.

À la belle saison se regroupant par couples
Ils construisent en cœur un joli nid d'amour
Et là pour leurs petits , à en perdre le souffle,
Sans trêve ils chasseront jusqu'à la fin du jour.

(Nicole Bouglouan).

Un détenu a tenté de s'évader. Il avait organisé son départ avec un hélicoptère, mais le pilote a frôlé une ligne de haute tension et il s'est écrasé. Ils sont morts électrocutés et le gardien de prison avait bien constaté que sa cellule était vide. Ce détenu ne voulait pas vivre un procès. Le gardien de prison était révolté et triste d'apprendre cette histoire.

À la suite d'un article paru dans la presse, où on

demande au meurtrier de se rendre, Jean a reçu une lettre de menace de fermer sa bouche, sinon la situation pourrait conduire à des problèmes. La police est au courant des menaces, et elle le protège comme elle peut. Jean mentionne dans son journal qu'il se sent sous pression et harcelé. Il a contacté l'avocat commis d'office de la prison qui lui a répondu que ce n'est pas si grave.

Plusieurs détenus se sont bagarrés à la cantine à la suite d'une jalousie avec un jeune prisonnier. Les assiettes ont volé en éclat, que soi-disant ce prisonnier aurait eu des faveurs que d'autres n'ont pas. Il a eu l'autorisation d'entrer dans une cellule où il peut être seul avec certaines commodités, car il est pistonné par quelqu'un de sa famille qui travaille à la prison. Beaucoup ne l'acceptent pas. Jean est entré rapidement dans sa cellule et il ne s'en est pas mêlé. C'est une ambiance infernale, tendue, et il vaut mieux rester dans sa cellule isolée d'un monde pareil. C'est le gardien de prison qui est venu mettre de l'ordre et c'est seulement suite à cette intervention que certains détenus se sont calmés.

Jean a reçu deux offres d'avocats qui pourraient assurer sa défense, mais ces offres lui paraissent trop coûteuses. Ils demandent des honoraires excessifs, et payés d'avance sur des comptes à L'étranger. Il a écrit au prêtre pour en discuter, car à son avis ce ne sont pas des offres sérieuses. Selon lui, ce sont des arnaques qui font juste espérer un détenu sans ressources. Ces avocats n'ont pas leurs noms au barreau. Jean va refuser et le prêtre est d'accord qu'il faut être prudent, car il se souvient d'un article paru dans un journal... une dame qui s'était fait arnaquer.

En rentrant chez lui, l'avocat qui voulait assurer la défense de Jean a été blessé. Une voiture a essayé de lui foncer dessus et il l'a fait tomber. Il a le pied et une main blessée et suite à cette situation, il a été obligé de se mettre en arrêt de travail pendant quelque temps. Qui en est l'auteur ? Pour le moment on ne sait pas. Mais ce qui est sûr, c'est qu'une ou plusieurs personnes veulent empêcher le procès. L'oncle l'a appris par les journaux et il est venu informer Jean, qui est dans une extrême dépression : il constate que pour le moment, il n'arrive pas à avancer comme il le voudrait. Ceux qui veulent ouvrir une voie correcte dans ce procès vont vers des problèmes. Cela s'est reproduit plusieurs fois depuis le début que l'on tente de saboter l'affaire. L'avocat tente de trouver un remplaçant, mais il n'y a pas assez d'avocats disponibles.

Le monde autour du dossier de Jean est sous pression. Les coupables sont très rusés et déterminés à éliminer tous ceux qui veulent mener l'enquête. Jean est malheureusement effondré et pense que l'on a à faire à une vraie mafia qui n'a peur de rien et avec laquelle on ne peut rien faire. Grâce aux calmants, il trouve le sommeil, mais il fait des cauchemars. Le lendemain il retrouve le petit oiseau, qui est à nouveau venu. À chaque fois, il lui parle, lui dit qu'il a des ennuis et le petit oiseau le regarde, et on dirait qu'il comprend. Soudain il est appelé, car il y a une avocate qui voudrait faire sa connaissance. C'est une amie de l'avocat blessé qui lui l'a envoyé. Elle a pris connaissance de son dossier, mais elle aimerait bien faire le procès ailleurs. Elle affirme qu'il y a d'autres endroits avec d'autres juges qui ne sont pas aussi bizarres. Elle va faire des recherches, s'exclame-t-elle ! Elle affirme qu'elle connait plusieurs avocats certainement plus corrects que ceux de la prison. Jean espère toujours trouver une issue positive, mais il ne voit pas comment !

Malheureusement la réponse de transfert est négative et le procès ne peut pas se faire ailleurs que dans ce quartier de Nice. C'est la loi et l'avocate ne peut malheureusement pas venir.

L'avocat commis d'office de la prison n'est pas d'accord qu'une avocate s'en mêle, et il le lui fait comprendre. Cette avocate est venue pour faire un essai, pour voir la tournure que ce procès peut prendre. Elle est au courant des problèmes entre la mauvaise entente de l'avocat commis d'office de prison et de Jean, et elle veut faire un essai, pour savoir si elle pourrait l'assumer. Mais à peine a-t-elle commencé à questionner plusieurs personnes dans la salle d'audience, que l'avocat commis d'office de la prison entre dans la salle et la bloque dans son travail : il lui coupe la parole et elle rencontre soudain des difficultés pour pouvoir même essayer de gérer ce procès qui lui semble intéressant. De cette manière elle est déstabilisée.

Néanmoins il se déroule à nouveau dans les mêmes conditions que les deux précédents. Beaucoup de gens incorrects témoignent en faveur du coupable, et il n'y a pas assez de preuves pour condamner le vrai coupable. L'avocate constate que les juges sont sous l'emprise de la bande de malfaiteurs qui vont se soutenir jusqu'au bout. C'est une bande très rusée, très professionnelle avec laquelle il est difficile même de parler. Quand l'oncle témoigne à la barre, on lui hurle dessus pour montrer qu'il n'est pas le bienvenu. L'avocate est alors obligée d'interrompre le procès, à la suite des violences provoquées par les supporters de la bande et de l'avocat commis d'office. Certains se montrent même menaçants, jusqu'à effrayer l'avocate. Elle est alors obligée d'interrompre le procès et de quitter rapidement la salle d'audience. Jean a été obligé de se taire par mesure de sécurité. Il mentionne dans son journal que la malhonnêteté des gens est très grave, et vient s'ajouter à cela un avocat commis qui ne fait pas bien son travail.

Entretemps, le coupable qui a volontairement foncé sur l'avocat a été trouvé et mis en examen. C'est un certain Benjamin Dupont, qui se trouve en prison. Quelques jours plus tard, les supporters de Benjamin sont venus à moto pour tenter d'envahir le palais de justice, pour demander sa libération, mais ils se sont fait refouler par la police et il y a eu quelques bagarres. Certains sont restés la nuit sous des tentes pour crier à sa libération, mais ils ont été mis en garde à vue. Jean mentionne dans son journal que les gens sont fous. Mais celui qui a foncé sur l'avocat reste en prison pendant plusieurs mois.

Jean reste bloqué et il est triste que rien ne puisse aboutir. L'oncle est venu le voir, et il est fatigué de ce monde incorrect. Il pense qu'il faudrait un avocat puissant pour traiter l'affaire qui ne prend pas fin. L'oncle ne connait pas d'autres avocats capables de gérer une affaire avec un avocat commis d'office de prison si compliqué. Jean éprouve des craintes que l'affaire soit classée et qu'il doive rester en prison à vie. Après une nuit agitée, Jean n'éprouve plus l'envie de se lever, mais l'oiseau vient d'arriver sur le rebord de la fenêtre et il chante. Après un ultime effort, il se lève en lui donnant des graines.

Un vent froid souffle soudain dans la prison. Les feuilles mortes tombent dans la cour et cela veut dire que l'automne arrive. Il y a des jours maussades et la situation se fait encore ressentir sur les détenus déjà déprimés d'être emprisonnés. Jean est affecté de maux de tête presque chroniques, à la suite de l'échec de son procès. Il cherche toujours des solutions, mais en vain, il n'en trouve pas. Les gens sont trop farfelus et la situation trop compliquée, car les employés sont sous emprise. Le gardien de prison est venu en cachette lui amener un nouvel oiseau blessé, car non seulement il a besoin de lui, mais il veut l'occuper en attendant un nouveau procès. Est-ce qu'il va réussir à l'en sortir ?

À la suite d'altercations, Jean a fait une demande à la direction de recevoir son repas en cellule. Il est obligé de renoncer définitivement à la cantine, suite à trop de bagarres. Un regard mal interprété est considéré comme un mauvais regard, pour débuter une bagarre. Il y a eu un mort, par suite de violents coups de poing au thorax. Des blessures jugées trop sévères pour une simple bagatelle. Le climat est tendu, dangereux, alors Jean ne veut pas être conduit à l'hôpital pour avoir été blessé. Mais il faut un motif valable pour manger régulièrement en cellule, et ce motif ce sont ses maux de tête dus à des tensions de peur.

Le prêtre qui est venu le voir, il lui a promis de prier pour lui afin qu'il reçoive l'autorisation et lui a apporté un poème sur l'oiseau, qu'il lit attentivement. Il doit occuper son temps comme il le peut, dans une ambiance difficile. Une semaine plus tard, le médecin a donné son autorisation et Jean est soulagé.

Jean rencontre un détenu déprimé à l'atelier et il lui dit que les choses n'avancent pas. Il faut croire que le système de la justice ne fonctionne pas pour le moment. Agressif, en colère, il a presque attaqué l'avocat commis d'office de la prison, mais il a vite été placé dans une cellule de punition. Désespéré, il hurlait dans la nuit, alors le gardien est allé voir ce qu'il se passait. Il s'est blessé aux barreaux de sa fenêtre, suite à de la colère et le prêtre est également venu le voir en lui demandant de rester tranquille. Il n'arrivait pas à supporter la manière de l'avocat d'office de le provoquer et de le détruire. Il a une manière bizarre de travailler, car il détournait la vérité et la transformait en mensonges. « Je n'arrivais plus à le supporter ». L'infirmier est allé l'écouter et il lui a dit qu'il trouverait une autre solution. Il est resté quelques jours dans une cellule de punition, pratiquement dans le noir, avant de retrouver sa cellule. Lui aussi a très envie de retrouver sa liberté. Il a été accusé de viol, mais avec cet avocat commis d'office de la prison, il ne peut pas se défendre. La femme était consentante au départ et maintenant elle cherche des problèmes...

Jean a réussi à sauver l'oiseau blessé qu'on lui a amené. Il s'est remis et s'est envolé. Jean a réussi à le suivre pendant quelques instants. C'était très émouvant ce moment de liberté retrouvée, car Jean y était attaché. Le prêtre est venu le voir et l'a félicité d'être devenu infirmier pour oiseaux en détention. Cela l'a rassuré de ne pas être catalogué comme un meurtrier, même si pour le moment il n'y a pas suffisamment de preuves. Il lui a apporté cette chanson qu'il trouve drôle :

<u>Ouvrez, ouvrez la cage aux oiseaux</u>

Regardez-les s'envoler, c'est beau
Les enfants, si vous voyez
Des petits oiseaux prisonniers
Ouvrez-leur la porte vers la liberté
Un petit dé à coudre
Et trois gouttes d'eau dedans
Au-dessus du perchoir
Un os de seiche tout blanc
Et un petit piaf triste de vivre en prison

Ça met du soleil dans la maison
C'est c'que vous diront
Quelques rentiers vicelards
Des vieux schnocks
Qui n'ont qu'des trous d'air dans l'cigare
Une fois dans vot' vie
Vous qui êtes pas comme eux
Faites un truc qui vous rendra heureux
Ouvrez, ouvrez la cage aux oiseaux
Regardez-les s'envoler, c'est beau
Les enfants, si vous voyez
Des petits oiseaux prisonniers
Ouvrez-leur la porte vers la liberté
Si vot' concierge fait cui-cui sur son balcon
Avec ses perruches importées du Japon
Ses canaris jaunes et ses bengalis
À vot' tour faites leur guili-guili

(Pierre Perret)

Le petit oiseau est revenu, car Jean a installé une mangeoire plus importante pour le nourrir, mais il préfère des graines sur le rebord. Il est vraiment très mignon ce petit oiseau. Il s'envole très vite vers la liberté et Jean l'envie beaucoup.

Un détenu s'est à nouveau évadé, mais il a trouvé la mort. Cela devait être une réussite et une fête de la liberté, car il avait organisé méticuleusement cette évasion avec un hélicoptère venant le chercher sur le toit. Malheureusement, le gardien de prison s'en est aperçu, et il a couru sur le toit pour le rattraper et le détenu n'a pas réussi à monter dans l'hélicoptère. Il est tombé en heurtant une cheminée avec sa tête et il est mort. Les détenus ont compris que s'évader n'était pas sans risques. L'un des détenus avait été également mortellement blessé, en essayant de traverser sur le ventre des grands barreaux de sa cellule pour s'évader, et il est resté bloqué à un barreau. Il n'y avait personne pour le délivrer. Il n'avait pas bien calculé son évasion et certains détenus avaient été choqués.

La nuit tombe maintenant sur la prison, et Jean regarde le clair de lune à travers ses barreaux. Il se dit que l'univers est immense, et comment il a pu en arriver à une situation pareille. Il va essayer de dormir pour retrouver un peu de paix. Il pense au prêtre qui lui amène de la spiritualité et du réconfort, face à un monde de brutes. Il lui a amené un poème en cachette. Il s'endort à l'aide de cachets, sinon il ne peut pas assumer cette souffrance.

Un nouveau jour se lève. Le petit oiseau est venu, comme pour l'accueillir, et lui souhaiter un bon dimanche. Il chante et on dirait qu'il est heureux de manger. Jean lui parle et il lui raconte comme d'habitude ses angoisses. Il se place parfois cinq secondes sur son épaule et il repart. Il le voit s'envoler et vivre la liberté...

Suite à cette nouvelle avocate qui a essayé de reprendre l'affaire du procès de Jean, elle a rencontré des problèmes. Elle voulait rentrer chez elle, et les pneus de sa voiture ont été défectueux. C'était une mauvaise surprise, car elle habite loin et il lui faut une voiture. Elle a eu des problèmes pour trouver de quoi regonfler ses pneus. Le lendemain, en rencontrant un juge pour cette affaire, une ou plusieurs personnes ont ouvert le poulailler de ses poules, et certaines sont allées sur la route. Un chat rôdait dans les parages. Un voisin les a récupérées et mises à l'abri. Il en a informé l'avocate, qui se sent menacée de traiter cette affaire. Elle a déposé plainte, mais elle a arrêté de traiter l'affaire. C'est très sournois et dangereux. En effet, à chaque fois qu'un avocat s'intéresse à l'histoire de Jean, il lui arrive des problèmes. La plainte n'avance pas beaucoup. Les gens ont voulu se venger tout en faisant des recherches sur l'avocate et ils ont trouvé son adresse.

Un autre avocat a vécu les mêmes problèmes. Pneus crevés, voiture rayée, portail du jardin fracturé et le chien s'est égaré. Une voiture l'a frôlé, mais par chance une personne l'a emmené chez le vétérinaire. Par la densification de la puce, l'avocat a été alerté que son chien était en soins. L'avocat était très choqué et il a été obligé d'arrêter de traiter cette affaire. Malgré la plainte, la bande de malfaiteurs ne recule devant rien. Ils sont à plusieurs, alors ils se sentent très forts. Ils sont capables de toutes les manipulations pour réussir. Le procès se passe à Nice, dans un quartier dangereux. Le prêtre et son oncle sont venus voir Jean, et ils trouvent que ce serait bien que le procès se déroule dans une autre ville.

Ce serait une idée se dit Jean, mais comment ?

Dans un journal, un quotidien de la ville, il y a à nouveau un article sur le meurtrier de l'employé de la banque. L'article est fort, inhumain, en mentionnant que le meurtrier est très bien en prison, et qu'il le mérite tout en espérant d'aller jusqu'à la peine de mort. L'oncle de Jean en a pris connaissance et il a contacté la police. Celle-ci pense que c'est une personne de la bande qui a manipulé un journaliste pour cette publication, mais cela peut se révéler être une autre personne que nous ne savons pas. L'oncle a déposé plainte et une enquête est en cours. Les employés de ce journal quotidien sont auditionnés. Jean est profondément révolté de constater un article mensonger. Il va se coucher en se demandant jusqu'où vont aller ces gens dans leurs malhonnêtetés. Il est allé à l'infirmerie pour chercher des médicaments. Jean a maigri de cinq kilos à force d'être rongé par l'injustice. Il reste couché dans sa cellule toute la journée, car il ne voit pas le bout du tunnel. Le petit oiseau « Fifi » lui manque ; il a regardé plusieurs fois par la fenêtre : aucun signe du petit oiseau.

Le prêtre est à nouveau venu le voir et dit qu'il connait un avocat très dur qui pourrait faire face à ce procès. Il lui promet de se renseigner et de le tenir au courant, car les choses sont difficiles avec cet avocat commis d'office de la prison. Il lui remet à nouveau un poème et dit une prière avec lui, ce qui lui donne du courage face à cette terrible épreuve. Jean repart dans sa cellule où il mange en tranquillité. Il reste un peu de pain qu'il va mettre sur le rebord de sa fenêtre et au même moment le petit oiseau arrive ! C'est pour lui un petit rayon de soleil…

Chanson de Marie Myriam :

Comme un enfant aux yeux de lumière
Qui voit passer au loin les oiseaux
Comme l'oiseau bleu survolant la Terre
Vois comme le monde, le monde est beau
Beau le bateau, dansant sur les vagues
Ivre de vie, d'amour et de vent
Belle la chanson naissante des vagues
Abandonnée au sable blanc
Blanc l'innocent, le sang du poète
Qui en chantant, invente l'amour
Pour que la vie s'habille de fête
Et que la nuit se change en jour
Jour d'une vie où l'aube se lève
Pour réveiller la ville aux yeux lourds
Où les matins effeuillent les rêves
Pour nous donner un monde d'amour
L'amour c'est toi, l'amour c'est moi
L'oiseau c'est toi, l'enfant c'est moi
Moi je ne suis qu'une fille de l'ombre
Qui voit briller l'étoile du soir
Toi, mon étoile qui tisse ma ronde
Viens allumer mon soleil noir
L'amour c'est toi, l'amour c'est moi

Un jeune avocat est venu accomplir un stage au Palais de justice. Il a essayé de s'intéresser à différents dossiers, dont celui de Jean, mais à peine a-t-il ouvert ce dossier, qu'un juge lui déconseille de s'en occuper. Il ne comprend pas, alors il a voulu poursuivre, mais c'est la deuxième fois qu'on lui interdit ce travail. Il se dispute avec ce juge en lui affirmant qu'il sait bien traiter les dossiers, mais apparemment ce juge ne veut pas. Le jeune a compris qu'il se cache un problème derrière ce dossier. Le juge lui répond que Jean est un meurtrier et que tous les journaux en parlent. Finalement, il comprend que cet individu est bizarre, et qu'il a tendance à bloquer la procédure. Il l'a observé entrain de classer des dossiers importants. Pendant toute une nuit, il a réfléchi aux nombreux dossiers classés sans fondement. Il est choqué par cette personne bizarre. Quelque temps plus tard, il reçoit une lettre de licenciement et il est surpris. Il aurait touché à un dossier qu'il ne fallait pas ? Il tente d'aller en discuter à la direction et on lui répond que le juge est le seul responsable des dossiers. Néanmoins, c'est lui qui donne le feu vert sur l'ouverture des dossiers. Le jeune avocat comprend qu'il ne va pas pouvoir aller plus loin et il tente de contacter la haute direction. Il l'espère qu'on lui répondra, mais au bout d'un mois, on lui répond enfin de s'adresser à maître Averri. Cet avocat n'est rien d'autre que l'avocat commis d'office de la prison, qui semble être malhonnête. Il va essayer d'écrire au Prud'homme pour avoir été licencié sans raison valable, mais il s'attend à la même réponse. Il est persuadé que le noyau malsain est cet avocat.

Jean mentionne dans son petit journal qu'il croit que l'avocat d'office de la prison a acheté sa situation pour des milliers de francs et que cela lui donne tous pouvoirs !

Un autre chanteur va venir animer à la prison. Jean va y aller. C'est un chanteur qui va jouer des chansons de Jean-Jacques Goldman, un chanteur des années 80. C'est un bon moment à partager et plusieurs détenus vont y participer. Le chanteur est une personne qui est à l'écoute des gens en détresse, alors ses paroles font du bien aux détenus :
— Cela peut arriver à tout le monde de faire des bêtises. Le plus important est de s'en sortir.
Jean rentre à nouveau dans sa cellule et la nuit est tombée. Il voit un hélicoptère et il aurait aimé partir...

Jour de désinfection à la prison. Malheureusement un triste évènement vient d'arriver, car un détenu est entré malade, certainement de la tuberculose. Il a été envoyé à l'hôpital pour y faire des examens, mais après quelques jours les résultats tombent. C'est bien de la tuberculose dont il s'agit. Elle est extrêmement contagieuse, alors il est mis sous antibiotiques et à l'isolement pendant quelque temps. C'est une personne affaiblie. Les autres doivent recevoir également un traitement. Jean est apeuré et espère y échapper. Sa cellule a été également nettoyée et désinfectée. Son linge également. De toute manière, Jean reste très souvent dans sa cellule, alors il est un peu protégé.

C'est un coup dur pour la prison et la direction se pose des questions pour pallier cela. Le médecin va essayer de suivre de près les détenus malades, mais il y en a beaucoup. Jean veut se faire vacciner, alors il a fait une demande et il est en attente. Ce vaccin est difficile à obtenir et il faut de la patience. C'est son oncle qui va le lui payer. C'est une maladie pulmonaire, découverte en 1882. Elle peut se révéler mortelle si elle n'est pas soignée, car elle est infectieuse. Il faut de la prudence, une surveillance, et Jean est sur les nerfs de devoir supporter encore des problèmes. Tout cela retarde de rencontrer un avocat pour son procès. Seul le prêtre peut venir le visiter, car il est vacciné. Il est allé directement à l'hôpital pour le faire. Une semaine plus tard, Jean est appelé pour se faire vacciner à l'hôpital et il est enfin un peu rassuré.

À la suite de la maladie, il règne un climat de peur dans la prison. Plusieurs malades sont en quarantaine et ils sont très apeurés face à ce virus. En effet, toutes les personnes qui veulent discuter avec Jean doivent d'abord se faire vacciner et porter un masque avant de le rencontrer, car les conditions sont très strictes pour enrayer la maladie. Jean est déprimé d'être resté piégé dans cette prison. Il prend des antidépresseurs, car il fait des cauchemars la nuit et le matin l'appétit lui fait faux bond.

Ce n'est pas un seul oiseau, mais deux qui viennent manger des graines et du pain. L'un chante, et les petits sons qu'il émet émeuvent Jean. Il éprouve des difficultés à leur parler, mais le tableau est beau, dans cette vie très difficile. Il se rappelle les paroles du prêtre : « s'émerveiller devant la simplicité de la nature ». Peut-être que ses petits oiseaux sont un cadeau du ciel, et que Jean a été choisi pour se rendre utile ?

Un autre procès a lieu. Les gens devaient être vaccinés de la tuberculose. C'était un procès avec un autre détenu qui voulait être libéré, mais les choses ne se sont pas passées comme prévu. L'avocat commis d'office qui normalement défend les détenus de la prison était très méchant avec le détenu, car il n'arrêtait pas de le détruire et de le provoquer. Pris de colère, le détenu a failli le frapper, et il a été obligé de regagner sa cellule. Cet avocat lui semble bizarre. Selon lui, il est aigri à la suite de problèmes personnels et il est jaloux de certaines personnes. Qui est cet avocat ? Il n'a pas fait des études de droit. Il a appris ce métier avec d'autres avocats. Il a obtenu son diplôme en manipulant l'enseignant. Il aime le pouvoir, et il n'hésite pas à détruire ceux qui ne sont pas d'accord avec lui et qui l'empêcheraient d'accéder au sommet. C'est pour ces raisons que les gens du métier n'osent pas lui répondre. Il est capable d'enjôler la direction pour se plaindre d'un avocat et de le faire licencier. D'ailleurs certains ont été licenciés, car ils n'ont pas réussi à se défendre. Parfois il peut se révéler différent, même compatissant, comme avec cet homme qui avait tué sa femme par jalousie. Pendant le procès, il le soutenait et il a failli le faire libérer, car il lui avait fait des compliments sur son costume. En effet il a besoin d'admiration. Son raisonnement est inapproprié et n'a rien à voir avec la justice.

Le gardien de prison a ramené en cachette un oiseau blessé à Jean. Il est vacciné, alors il estime n'avoir rien à craindre. L'oiseau, une petite mésange, restait sur le sol. Elle avait une aile un peu blessée. Le gardien de prison lui a demandé de soigner cet oiseau et il lui a dit que c'est peut-être le bon Dieu qui t'envoie du travail. Jean, malgré sa dépression, est déterminé à le faire. Heureusement qu'il a mis des gants pour le toucher, car il lui donne des coups de bec. Il est apeuré, alors c'est compliqué. C'est le gardien de prison qui va en cachette l'amener chez le vétérinaire et qui vient en cachette l'aider pour les soins. Pour eux, c'est un art de soigner ce petit oiseau.

Quelques jours plus tard dans la nuit, un détenu hurle. C'est le gardien de nuit qui l'entend. En lui parlant, il menace de mettre le feu à sa cellule, s'il ne peut pas avoir accès aux soins. Il disjoncte et il veut être libéré. L'infirmier vient et lui annonce qu'il a commandé des antibiotiques. Ce détenu n'a apparemment pas les moyens financiers de se les offrir et la prison n'a pas assez d'antibiotiques pour tous les détenus, car ils sont débordés. Il faudrait beaucoup plus d'infirmiers à l'écoute. Il est à l'isolement, et pour éviter un drame, l'infirmier s'est rendu à l'hôpital pour se les procurer. Il peut commencer le traitement pour se protéger.
Mais quelque temps plus tard, il réussit à s'évader par un tunnel, car l'infirmier va trouver sa cellule vide.

La police est à sa recherche, pour éviter qu'il contamine des personnes…

Le jour suivant, Jean est appelé pour nettoyer les douches. C'est un calvaire, car elles sont très sales. Il est pris de nausées, car les détenus ne font pas attention à la propreté. Après une bonne heure de travail vérifié par le gardien de prison, il peut enfin regagner sa cellule avec une grande frustration. Pourquoi a-t-il été choisi pour être un bouc émissaire ? C'est à la suite d'une vengeance. Il n'a pas le droit de se plaindre, sinon on le menace de le laisser quelques jours dans le noir. Il doit faire preuve de beaucoup de courage pour pouvoir survivre. Il voulait entrer dans sa cellule, lorsqu'il voit soudain une échelle des pompiers monter vers le toit. C'est un oiseau qui est tombé dans un trou du toit et qui est resté bloqué. Des passants ont donné l'alerte à la prison pour lui venir en aide et il a été sauvé. C'est l'association qui est venue le chercher.

<u>Poésie de la mésange</u>

D'un morceau de ciel baladin
La mésange encapuchonnée
Avec un refrain enfantin
Sur ma fenêtre s'est posée.
Et une graine picorée
Toc, avec son bec au carreau
Elle m'a vue s'est enrôlée
Ou vas-tu gentil passereau ?

Un joli matin poétique
M'envoler , te suivre très loin
Un rêve souhait onirique
Colorie sur un quatrain
Elle s'envole vers la liberté
Au revoir et à bientôt jolie mésange bleue.
Viens picorer des graines de tournesol
Pour ensuite t'envoler !
Dans l'univers de la poésie.
Quand la mésange chante
Il fait moins froid.

Il y a eu plusieurs morts de la tuberculose, surtout des gens affaiblis en santé, alors il faut toujours être prudent. Le gardien de prison est obligé de mettre un masque lorsqu'il rencontre les détenus. C'est le haut responsable de la prison qui le veut. Naturellement, plusieurs prisonniers ont été vaccinés et certains sont en soins à l'isolement.

L'avocat commis d'office est venu discuter avec le gardien de prison. Suite à cet entretien, Jean a à nouveau été appelé pour ramasser les déchets et les mettre dans un container. Il a à nouveau été pris de nausées, alors le gardien de prison a terminé le travail. De quoi ont-ils discuté? Il donne des ordres au gardien de prison pour faire travailler Jean ? Jean est persuadé que l'avocat commis d'office de la prison ressent de la haine envers lui et c'est irréversible.

Un ancien détenu qui a été libéré est venu conseiller à Jean un avocat puissant. Il lui a donné son nom, car il sait bien défendre les prisonniers. Ses honoraires sont coûteux, pratiquement excessifs, mais il travaille bien. Si vous voulez le contacter, je suis sûr qu'il va accepter. Jean fait des essais de tous les côtés. Il lui écrit, mais la réponse est négative : honoraires très coûteux et payés d'avance. Si vous n'avez pas les moyens financiers, il est inutile de poursuivre. Jean contacte une banque pour lui demander de lui accorder un prêt, mais la réponse, après quelques jours, est négative : pas de prêt à un prisonnier. Il mentionne dans son journal qu'il n'est plus possible d'être accepté lorsque l'on est incarcéré en prison. On devient un parasite et on est complètement rejeté de la société. Toute cette pagaille, parce qu'un homme ne fait pas son travail et tout ce qu'il sait faire, est de semer la zizanie. Il mange son repas dans sa cellule, un repas quelconque, composé d'une boite industrielle, à cause duquel il a attrapé une inflammation à l'estomac.

Un détenu a menacé l'infirmier de s'échapper de la prison, s'il ne peut pas avoir accès aux soins. Il se sent négligé, sans être entendu. Il a demandé d'être examiné par un médecin, qui tarde à venir. L'infirmier lui a répondu que les médecins étaient tous débordés tandis qu'il y avait trop de détenus. Pourtant la prison a distribué beaucoup d'antibiotiques. Mais pas tout le monde peut avoir accès, car il n'y en a pas assez. Les chanceux y ont eu rapidement accès, car ils les ont payés, alors certains peuvent en être privés. Il y a des détenus qui ne le supportent pas, car il faut alors faire une demande à la direction, ce qui prend du temps.

Jean est à nouveau appelé pour nettoyer. Il est hors de lui de devoir faire ce travail et il le fait comprendre. Malheureusement, il ne sait pas que le directeur est de passage ce jour-là et il l'entend :
— Encore un mot et on vous mute dans une autre prison où il y a des condamnés à mort !
Jean ne dit plus rien, car il a peur pour sa peau. Il mentionne dans son journal qu'il sait que plusieurs personnes voudraient qu'il soit condamné à mort et il en est bouleversé. Le directeur ressemble un peu au personnage d'Hitler, mais il faut ce genre de personne pour gérer une prison. Il sait que la peine de mort a été abolie le 26 aout 1981 par François Mitterrand, mais pour lui dans cette prison tout est possible. Il est de plus en plus persuadé que c'est l'avocat commis d'office qui a manipulé le directeur pour piéger Jean là où il le peut. Après deux heures de travail, il entre à nouveau dans sa cellule. Il est atteint de maux de ventre, et il boit de l'eau pour s'hydrater. Il constate que le chemin sera long pour penser à une éventuelle libération, mais cependant il ne sait pas s'il va pouvoir tenir longtemps dans cette situation…

Le prêtre est venu le voir. Il vient lui dire qu'il va ouvrir une cagnotte dans son église, pour tenter de l'aider. Naturellement les honoraires des avocats s'élèvent à plusieurs milliers de francs. C'est une situation bien difficile pour éventuellement voir le bout du tunnel. Le prêtre est allé publier une annonce dans l'église et au palais de justice, afin de chercher des dons pour un procès. Tout par hasard, il rencontre l'avocat commis d'office de la prison, qui voit l'annonce publiée, et il lui demande les raisons et pour qui ?

— Si c'est pour Jean je ne comprends pas, car c'est un meurtrier !

Le prêtre comprend tout de suite qu'il y a de l'animosité de la part de cet avocat. Il lui répond :

— Vous avez quoi contre lui ? C'est son métier ou sa classe sociale qui vous pose des problèmes ?

Les deux entrent dans une dispute et l'avocat commis d'office poursuit :

— On verra bien qui est le plus fort !

Le prêtre lui répond :

— Il ne s'agit pas d'être le plus fort il s'agit d'être honnête avec la justice.

Le prêtre retire l'annonce du tableau, car il n'a pas confiance. Il a compris que cet homme a un trouble du comportement, et il rentre chez lui, déstabilisé. Lui aussi se dit qu'il faut de tout pour faire un monde et que Jean est tombé sur un avocat à problèmes. Il ne va pas l'informer de son agressivité, car il est trop déprimé. Il préfère attendre de savoir si les gens vont envoyer suffisamment de dons pour aider Jean. Il se dit regrettable de vivre dans un beau pays qui est devenu dangereux. En effet, il va apprendre par la suite que l'avocat commis d'office de la prison aurait manipulé plusieurs avocats, de ne laisser à Jean aucune chance d'avancer dans sa libération. Il a surpris une conversation tout par hasard au palais de justice, avec une porte entrouverte, en train de parler à un juge de Jean :

— Celui-là ne mérite rien, du vent avec une telle personne !

Surpris, le prêtre ira en parler à une connaissance qui est thérapeute, afin de voir plus clair dans cette histoire. Elle va confirmer que cet avocat est malhonnête et qu'il ne faut pas lui faire confiance.

— Prenez un avocat de l'extérieur, ce sera mieux pour ce détenu. ! Prenez du recul avec les juges pour le moment.

Le prêtre dans la nuit réfléchit, heureusement que l'avocat commis d'office n'est pas au courant de ces petits oiseaux qui viennent chez Jean, car il serait encore capable de l'interdire. Il est persuadé qu'il se venge de ses frustrations auprès de lui et c'est malheureux. Il ne peut pas lui envoyer un peu de spiritualité et c'est dommage. Dans l'église, quelques personnes ont envoyé des dons, mais ce n'est pas encore suffisant.

Jean a été encore appelé pour nettoyer la buanderie. Le gardien de prison en profite, car il sait qu'il est vacciné. Il est obligé de le faire, sinon il va vers des ennuis. Il va mettre plus de deux heures pour nettoyer et désinfecter. Il se demande quand cette histoire va s'arrêter. Il est épuisé de vivre dans ces conditions et souvent il reste couché. Le petit oiseau va mieux, et il va pouvoir bientôt reprendre son envol. C'est un beau petit oiseau bleu et jaune, une petite mésange. Il s'est laissé un peu apprivoiser, mais il va devoir être relâché, car Jean n'aime pas les oiseaux enfermés.

Quelques jours plus tard, un détenu essaye de s'évader. Il s'est évadé par un tunnel qu'il a creusé, mais il n'est pas allé loin. Il s'est effondré à l'extérieur, près d'un arbre, car il est malade. Ce sont des passants qui ont donné l'alerte, et une ambulance est venue le chercher. Il est à l'hôpital, malade, fiévreux, et le verdict est tombé : il est atteint de tuberculose. Sa cellule est vide. Il est soigné avec des antibiotiques, mais les médecins ne savent pas s'il va s'en sortir. Il est fragile, alors c'est difficile. Ignorant cette maladie, il n'a pas été soigné à temps. Il ne peut en aucun cas regagner sa cellule rapidement et les infirmiers doivent se protéger avec des masques. C'est la prison qui va devoir payer les frais d'hospitalisation, car la famille ne veut pas s'en mêler. Lui aussi, il voit depuis sa chambre d'hôpital un petit oiseau sur un arbre. C'est également une petite évasion dans sa solitude. Il est sous perfusion, car il n'a pas faim et il est très maigre. C'est une infirmière qui s'occupe de lui donner des soins. Il faut attendre que l'infection éventuellement baisse. Depuis que la tuberculose est entrée dans la prison, plusieurs chambres sont occupées par des détenus atteints de cette maladie. C'est dommage, une maladie qui avait disparu refait surface par manque d'hygiène et par l'affaiblissement de la santé des détenus. Il y a trop de détenus dans les cellules. Et certains viennent d'endroits précaires et appauvris.

Jean est à nouveau appelé, mais cette fois-ci pour ramasser les feuilles mortes du jardin. Il a l'impression d'être puni. Pourquoi toujours lui ? Il ne répond rien, afin de ne pas provoquer une dispute. Il lui faut près de deux heures pour les ramasser, afin de rendre le jardin en état. Il rentre à nouveau fatigué de ce travail et il va dans sa cellule lire un poème du prêtre.

Poésie « Les feuilles mortes »

Oh
Je voudrais tant que tu te souviennes
Des jours heureux où nous étions amis
En ce temps-là la vie était plus belle
Et le soleil brulant qu'aujourd'hui
Les feuilles mortes se ramassent à la pelle
Tu vois je n'ai pas oublié.
Les feuilles se ramassent à la pelle
Les souvenirs et les regrets aussi
Et le vent du Nord les emporte
Dans la nuit froide de l'oubli
Tu vois je n'ai pas oublié
La chanson que tu chantais
C'est une chanson qui nous ressemble
Toi tu m'aimais
Et je t'aimais
Et nous vivons tous ensemble
Mais la vie sépare ceux qui s'aiment.

(Jacques Prévert)

L'univers carcéral semble être fait de bagarres, de sexe et de suicides...

Un matin, le gardien de prison a trouvé un détenu pendu. Personne n'a entendu de bruit, alors on ignore quand cela s'est passé. Le médecin est venu constater le décès.

Une bagarre a à nouveau éclaté entre un père et son fils et le fils a été blessé. Chacun accuse l'autre d'avoir participé à une bagarre jusqu'à la mort d'un homme. Ils ont dû être séparés, et l'un a été muté dans une autre prison par manque de place et à cause de la maladie.

Quelques jours plus tard, le gardien de nuit a soudain entendu des cris qui venaient d'une cellule. Il est allé regarder et il a vu deux personnes en plein acte sexuel. Visiblement, un couple où chacun était séparé dans une cellule. Les deux se recherchaient, alors ils se sont débrouillés afin que l'un puisse venir discrètement dans la cellule de l'autre. Ils avaient besoin l'un de l'autre. Ils ont demandé au gardien de nuit, contre un gain d'argent, de se taire et de rester discret, car c'est interdit en prison. Le gardien de nuit semble avoir des problèmes financiers, car il a accepté, mais le couple a promis que les choses ne se renouvèleraient pas. Naturellement, sur les faits, ils promettent et le lendemain est un autre jour. Ce couple a été incarcéré à cause de trafic de drogue. L'homme a perdu son travail, alors il s'est mis dans le trafic, car cela rapporte gros.

Un jeune détenu est entré, mais il a fallu le faire entrer de force dans une cellule. Et pourtant, il a tué sa compagne à coups de couteau dans le thorax, probablement par jalousie, car elle fréquentait un autre homme. Il se sent être une victime et il a menacé qu'il allait s'évader.

Un avocat qui a été également contacté est passé au palais de justice, pour juste jeter un coup d'œil au dossier de Jean et il a regagné son cabinet. Le palais de justice semble être compliqué à convaincre les juges. Pour lui, c'est un nid de guêpes où il n'y a pas d'intérêt à se faire piquer. C'est difficile de défendre un détenu et s'il doit encore entrer en conflit avec les juges, c'est pour lui mission impossible. Il a essayé de rencontrer l'avocat commis d'office de la prison, mais celui-ci est très méchant et il lui répond que le palais de justice n'a pas besoin de lui. Ce nouvel avocat qui est venu de l'extérieur est persuadé qu'il a un problème. Il est rentré à la maison, plein de tensions. Il constate que le monde des avocats dans ce quartier de Nice est difficile, car il n'a pas connu ces altercations avec d'autres avocats. Il a également essayé de joindre la direction pour en parler, mais elle lui a répondu de s'adresser à maître Averri et lui a raccroché au nez. Il n'y a donc pas d'issue et il sera également obligé de se retirer, car la situation lui parait trop houleuse et il ne sait pas comment procéder...

Encore une vengeance de l'avocat commis d'office de la prison : Il a demandé à Jean non seulement de nettoyer l'atelier, mais encore les douches. Pour lui, c'est une haine irréversible qui s'est installée depuis cette altercation. Il est soutenu par un magistrat de la Cour. Ce travail lui a pris toute une après-midi. Pour lui c'est du sadisme, car c'est le gardien de prison qui devait surveiller son travail. Il est rentré fatigué dans sa cellule et son repas a conduit à une indigestion. Pour lui, c'était un repas périmé et il est dégouté. Il n'ose rien dire, mais il est malade. Il a été à l'infirmerie où il a reçu du thé pour son estomac et il est très fatigué. C'est son oncle qui lui amène du thé de camomille qu'il doit prendre pendant plusieurs jours, en infusions, pour se remettre. Il a des difficultés et il est couché. Il aurait aimé se plaindre, mais il ne peut pas. Il mentionne dans son journal : comment vais-je finir ?

Une jeune femme dans l'autre département est descendue pour son procès, mais elle pleurait tellement que le procès n'a pas pu se terminer. Elle est en manque de drogue et elle est désespérée. Elle a été obligée de regagner sa cellule sous la surveillance d'un psychiatre. Elle a eu de la chance, car le monde était à ses pieds. Elle inspire de la pitié dans son état malade. Elle vient d'un foyer et d'une mère qui se droguait également, décédée ensuite d'une overdose. Elle n'arrive pas à s'en passer. On pense qu'elle va être mise dans un foyer jusqu'à un nouveau procès. C'est une situation difficile pour le responsable du foyer. Elle n'est pas adolescente, mais elle a besoin d'aide pour se sortir de la drogue. Elle a vendu de la drogue dans une bande et à la suite de cela elle a été incarcérée en prison. Malheureusement pour elle, il faut qu'elle purge sa peine. Au courant de cette histoire par le prêtre, Jean mentionnera dans son journal : il y a des gens qui ont de la chance et d'autres qui deviennent des boucs émissaires.

Jean a réussi à faire s'envoler le petit oiseau qu'il soignait. Il était guéri et il espère qu'il ne va pas revenir ou se blesser à nouveau. Il l'avait un peu apprivoisé, car il demandait de la nourriture. Après un certain temps, il était bien sur ses pattes, et il est parti. Encore une fois c'était super de voir ce petit oiseau s'envoler.

Il y a une femme qui est venue voir Jean, pour lui donner des conseils pour nourrir un oiseau. On doit nourrir un oiseau avec des graines de tournesol, car les oiseaux en raffolent. Jean le sait, il a apprécié les conseils. Apparemment cela ne plaît pas à un responsable, qui était de passage, alors Jean est à nouveau appelé pour nettoyer des toilettes. Il y a de la jalousie dans l'air, car certains ont découvert qu'il a de l'amour pour les animaux. Cela déplaît à ceux qui se nourrissent de violence et de haine. C'est très difficile pour lui de supporter ces tensions. Il doit fournir des efforts pratiquement surhumains pour nettoyer des toilettes si sales, où les détenus ne font aucun effort pour les laisser entretenues. Il est rentré dans sa cellule fatigué, dégouté. Il n'arrive pas à manger après avoir vu des toilettes dégradées où l'on pourrait attraper des maladies. Il s'est désinfecté en se lavant bien les mains. Son repas est arrivé et a été mis devant la porte de sa cellule. Le petit oiseau « Fifi » est revenu sur la fenêtre. La simplicité de la vie, une vie qui lui donne un peu de force pour pouvoir savourer le repas. Il lui parle toujours de la chance d'être en liberté. Il vient quelques secondes sur son épaule, un signe pour dire bonjour et c'est émouvant pour Jean. Il a même mangé dans sa main.

Le gardien de prison est venu voir Jean, en lui disant qu'il devait arrêter de soigner des oiseaux pour le moment. Certainement à cause d'une jalousie. Il prétend qu'un chef a été manipulé et il veut interdire de soigner des oiseaux. Il lui dit :
— Vous le ferez plus tard quand la tempête se sera calmée. De toute manière, un certain chef voulait le muter dans une autre prison pour le condamner à mort. L'oncle qui suit le dossier de Jean en toute discrétion a surpris une annonce dans le palais de justice, prévoyant de muter Jean dans une prison où il y a des condamnés à mort. L'oncle a alerté la police, qui lui a conseillé de contacter un juge de la Cour. Ce juge, qui est également un responsable, a exigé que tout le comité des avocats se réunisse pour débattre et donner leur accord. Mais étant donné que la peine de mort est abolie, la mutation de Jean est interdite, a confirmé la police. L'oncle a versé une somme d'argent afin de lui éviter le pire contre une attestation. Il y a donc une personne dangereuse parmi les avocats et qui en veut à la peau de Jean depuis le début. Ces gens peuvent aller loin dans

leurs haines. Heureusement qu'il y a des lois se dit son oncle en discutant avec la police, mais les gens haineux peuvent les contourner et très souvent ces situations sont dues à de la jalousie. Pourquoi cette jalousie ? Parce que Jean avait une bonne situation financière, une certaine culture, des valeurs morales et qu'il présentait bien ? C'est une situation qui peut déplaire et conduire à de la jalousie. Depuis cette histoire, l'oncle n'est pas tranquille. Toutefois, la police a essayé de le rassurer, en expliquant que les avocats n'avaient pas le droit de faire du chantage contre de l'argent...

Jour de pluie

Un certain vendredi est un jour de pluie.
Jean écoute en soupirant la pluie qui ruisselle.
Frappant doucement sur les carreaux
Comme des milliers de larmes qui me rappellent
Que je suis en l'attendant
Pluie, oh dis-lui de revenir un jour
Et qu'entre nous renaisse
Encore une vie
Le temps passé ne sera plus qu'un mauvais souvenir
Comme des milliers de larmes qui me rappellent
Que je suis en l'attendant.

La cagnotte a enfin réuni une somme importante d'argent. Le nouvel avocat, que le prêtre lui a trouvé, voulait rencontrer Jean pour l'avertir que le procès serait éprouvant, mais Jean a mis un terme à tous ces avocats. Il le mentionne dans son journal, il ne veut plus personne. Il dit que le jour où il rencontrera un avocat correct, il le cherchera lui -même. Pour lui, la situation tourne dans un cercle vicieux sans fin et aucun avocat ne sait prendre ses responsabilités. C'est lamentable et il est épuisé.

Jean est à nouveau appelé pour nettoyer la cantine sous la surveillance du gardien de prison. Il est très déprimé, mais ne dit rien. Il a toujours peur d'être muté dans une prison encore plus sévère. Après deux heures de travail, il est à nouveau dans sa cellule. Il a des problèmes à l'estomac, causés par le stress de l'injustice. L'infirmerie lui a donné un médicament contre les vomissements. Il fait des cauchemars, où il voit toujours devant lui le chef qui l'avait menacé d'être muté s'il se révoltait contre les travaux qu'on lui impose. Il est choqué de comment il est traité, car certains l'accusent avec sadisme d'être un meurtrier. C'est incroyable comme ce mot meurtrier a pris une certaine ampleur...

Dans la presse, un nouveau titre :
« Ce serait bien de condamner à mort le meurtrier qui a tué un employé de banque ».
Quel manipulateur a demandé de publier cet article ? On voit la bassesse de la méchanceté, et certainement beaucoup de gens ont vu cet article. Il est fait pour détruire la personne qui est en prison. L'oncle va déposer plainte, mais ce manipulateur ne reculera devant rien pour détruire.

L'oncle et le prêtre sont persuadés que c'est l'avocat commis d'office de la prison qui a publié cet article. Jean ne savait pas qu'il existait autant de gens malhonnêtes. Il est dans sa cellule et le prêtre lui a amené un repas à emporter, plus des oranges qu'il va essayer de savourer.

Malgré l'interdiction d'un chef, le gardien de prison a encore trouvé un petit oiseau blessé. Il ne pouvait pas le laisser à son sort, alors il l'a apporté à Jean en toute discrétion. Jean a désormais l'habitude de les soigner. Il s'est blessé contre une vitre. Il a l'air très mignon, mais craintif pour le moment.
Il est obligé de mettre des gants pour se protéger, car il est agressif.

Jean continue sa vie en attendant son procès qui a bien des difficultés à se réaliser. Il est en colère que le sort s'acharne sur lui. Le petit oiseau lui fait un peu oublier qu'il est en prison. Le prêtre lui a demandé encore une fois de ne pas se confier à qui que ce soit parmi les détenus. C'est dangereux et leurs agressivités pourraient se retourner contre lui. Il y a quelques jours, certains étaient jaloux d'un certain bien-être de Jean, alors il reste isolé et c'est très dur pour lui.

Aujourd'hui, on ne lui a pas amené son repas dans sa cellule. Est-ce un oubli ou à nouveau une vengeance ? Il a été obligé de se battre en contactant le prêtre. Lui, toujours de bonne foi, est venu lui amener du réconfort.

Le prêtre ne va pas se laisser manipuler, alors Jean a confiance. Un autre jour, à l'atelier, il rencontre un nouveau problème : il n'y a plus de bois pour travailler, et personne ne l'a informé.

Un homme est venu le voir. Il s'est présenté comme un ancien avocat qui fait semblant de connaitre les lois, mais qui est un truand et dans cette prison c'est le noyau de la malhonnêteté. Il lui a demandé d'avouer d'être le meurtrier de l'employé de banque. Il lui dit :
— Vu la loi, les chances pour vous sont très maigres de réussir.
Il était agressif en le menaçant et il lui a dit qu'il reviendrait.
Jean n'a rien compris et il est choqué. Il a sonné à la petite réception, afin que cet homme parte. Il se demande ce qu'il se passe. Quelle personne malhonnête raconte-t-elle des mensonges et veut le forcer à avouer qu'il est le meurtrier ? Il est consterné et il croit que son procès est voué à l'échec avec autant de manipulateurs, d'autant plus que ce sont des gens très rusés. Il a peur d'être harcelé et devoir signer pour un crime qu'il n'a pas commis. Entretemps, Jean est affairé avec le petit oiseau, qui va de mieux en mieux. Il l'observe et il trouve qu'il va bien, mais il contacte l'infirmerie, car il se sent menacé et cela le rend malade. Il ne veut plus que ces personnes viennent le voir, et il va le dire au gardien de prison. Il est d'accord de ne plus les laisser entrer, mais certains ne respectent pas les conditions et il n'y peut rien. Ils ont d'ailleurs échappé au règlement, car il faut toujours présenter un carnet de

vaccination de la tuberculose pour entrer ou alors il faut porter un masque. Il y a malheureusement eu encore quelques morts...

Cette fois-ci, le petit oiseau ne peut pas s'envoler, car il a comme un problème. Jean a contacté le gardien de prison afin de lui expliquer. Comme il voue une vraie compassion pour les oiseaux, il va acheter une cage pour qu'il puisse continuer à vivre de cette manière. Ce petit oiseau ne peut plus vivre à l'état sauvage avec sa blessure. Le gardien de prison est venu le chercher avec une certaine émotion. Naturellement, les choses doivent rester discrètes entre le gardien de prison et Jean concernant cette passion...

Dans son journal, Jean mentionne qu'il a fait un mauvais rêve où il se sent harcelé. Dans le rêve, le même homme est venu pour le convaincre d'avouer le meurtre de l'employé de banque. L'homme le brutalisait et le forçait à signer. Vu qu'il ne signait pas, il a reçu plusieurs coups de poing. Pour finir, à force de coup de poing, il a signé. Il s'est réveillé en sueur, et il est allé à l'infirmerie pour y être rassuré et pouvoir décompresser. Il y passera la nuit avant de regagner sa cellule. Le prêtre, qui est au courant de cette histoire, est venu le voir, afin de lui donner de la force. Il lui dit :

— Tout le mal va se retourner contre ces gens, il faut pouvoir attendre.

Aujourd'hui c'est l'inspection des cellules. Il y a un

surveillant qui va inspecter les cellules pour voir s'il n'y aurait pas des armes ou de la drogue cachées. Heureusement qu'il n'a à nouveau rien trouvé chez Jean.

Un nouveau détenu est entré en prison. C'est un homme qui a tué un adolescent âgé de 13 ans et l'a dépecé. Le garçon avait l'air perdu, alors il l'a invité chez lui et il l'a tué. Un voisin de l'immeuble, incommodé par une odeur terrible, aurait trouvé dans des sacs poubelle une tête, un tronc, et puis un bras. La police, d'après les empreintes, dit que ce serait un homme qui vient d'être incarcéré. Il aurait dans la salle des douches poignardé deux hommes en les blessant. Le gardien de prison a été alerté de faire face avec de la prudence, car l'homme serait un danger public. Le comité des avocats s'est réuni et il n'y aura pas de procès. Cet homme a de graves problèmes psychiques, schizophrénie et paranoïa. Il va être déféré dans un hôpital psychiatrique, car il a agressé deux détenus.

Un détenu aurait succombé à une grève de la faim. Il était persuadé que la justice l'aurait libéré du meurtre qu'il a commis. Il a tué sa femme, car elle était violente avec lui. Il avait menacé de se venger s'il n'était pas libéré, car Il était sûr que la justice aurait pitié de lui. Il aurait entamé une grève de la faim qu'il n'a pas supportée. Trop affaibli, il a succombé, et a été trouvé mort dans sa cellule. Le médecin n'a pu que constater son décès. Il a informé que faire une grève de la faim sans être suivi était dangereux. La famille a porté plainte contre l'avocat pour l'avoir laissé tomber, mais un avocat lui a téléphoné et dit que déposer plainte ne servait à rien. Il ne pouvait en aucun cas, ni le soutenir ni le libérer d'avoir commis un meurtre. La famille lui a répondu qu'il n'avait pas été dans son état normal à ce moment. « C'est possible », lui a répondu un avocat, mais sa femme est morte. La mort de cet homme affecte un peu la famille.

Concernant l'histoire de Jean, la police a trouvé une vidéo, peut-être intéressante, où on voit la bande de malfaiteurs attaquer la banque. Elle va l'analyser, mais c'est difficile, car il y a d'autres vidéos, et les traces ont été certainement effacées. Sur aucune des vidéos, on ne voit le profil de Jean. C'est à éclaircir, avec un faible espoir de prouver son innocence, a indiqué l'avocat commis d'office. Selon l'oncle de Jean, la police, pour x raisons, ne veut pas approfondir, car elle est également manipulée par l'avocat commis d'office de la prison. Son équipe est donc mystérieuse, et elle ne se dévoile pas.

La nuit est tombée sur la prison et Jean voit des étoiles dans cet immense univers. Très souvent le clair de lune l'apaise ! Chaque nuit il prend ses médicaments et il s'étend sur le lit. Par chance, le gardien de prison lui a amené en cachette des graines pour l'oiseau.

Le lendemain Jean a été à la cantine pour s'acheter une boisson, quand soudain il a aperçu deux cigognes avec leurs petits, sur le toit d'en face dans le département des femmes. C'est ce qui lui reste pour le moment, observer les oiseaux, et il est resté quelques instants pour le faire. Depuis qu'il est en prison, il n'a plus de liens indispensables pour vivre et les oiseaux sont un cadeau du ciel. Il aurait eu envie de les nourrir, mais il a été obligé de retourner dans sa cellule, et un autre cadeau l'attendait, c'était « Fifi » ! Il est à nouveau revenu quelques secondes sur son épaule et il lui a parlé. Après, il est reparti dans la nature.

Un court-circuit sur un onduleur électrique a provoqué une grosse panne d'électricité. Le courant est revenu seulement le lendemain. La situation a rendu les détenus nerveux, et le prêtre n'a pas pu venir voir Jean comme il le souhaitait. Il va revenir, mais c'est très dur !

Aujourd'hui Jean est à nouveau appelé, mais cette fois pour nettoyer le jardin de la prison. C'est un grand jardin et en le nettoyant, il trouve un petit hérisson, comme blessé. Il le recueille et le cache sous son tablier pour l'amener dans sa cellule. Il contacte le gardien de prison, qui lui va discrètement téléphoner à une association S.O.S. hérissons, qui va venir le chercher. Jean ne pouvait pas laisser l'animal blessé, livré à son sort, selon la leçon de spiritualité du prêtre. Il est soulagé que l'association soit venue le chercher.

Son oncle lui a envoyé un ami avocat qui lui dit :
— Selon divers échos, l'avocat commis d'office de la prison semble n'accepter personne. Je veux bien vous aider et

mettre une annonce dans un journal, afin que vous trouviez un bon avocat. Contactez-moi si vous avez besoin de moi. Jean remercie.

La vie en prison continue, avec toujours des évènements, des bagarres et de nouvelles incarcérations. Comme cette nuit par exemple, où il y a eu un règlement de compte entre deux détenus. On ne sait pas comment la situation a échappé au gardien de nuit, mais deux détenus qui étaient dans la même cellule se sont affrontés et l'un est mort. Jean a entendu des cris, mais personne ne répondait. Où était ce gardien de nuit ? Il a été convoqué à la direction pour comprendre les raisons. Il a répondu qu'il y avait très souvent des problèmes et qu'il était souvent confronté à de la violence. Il a montré à la direction quelques cicatrices dues à des violences. Une enquête a été ouverte. Il aurait été étranglé avec de grands lacets de chaussures. La direction s'attend à des rebondissements de la famille. Vu comment le monde est devenu, il est possible qu'elle porte plainte. Le détenu avait été incarcéré à cause de trafic de drogue et il détenait un réseau. En effet, quelque temps plus tard, la famille a porté plainte. On lui a expliqué qu'il y a de trop nombreux détenus et qu'il n'y avait pas assez de place. Une tante a répondu que le procès irait loin. Mais la famille est également malhonnête, car elle l'aurait aidé à se procurer de la drogue. Le gardien de prison lui a répondu qu'elle ne pouvait pas se battre contre les avocats ...

Deuxième panne d'électricité, qui a fait paniquer les

gardiens de prison et les détenus. Heureusement que les soignants avaient des portables pour alerter les autorités. Il y a eu un mouvement de panique dans la prison. Plus de lumière, plus de télévision, plus de téléphones portables et plus de cuisine. L'électricité ne s'est rétablie que dans la soirée. Malheureusement, plusieurs détenus ne pouvaient plus regarder la télévision et ils étaient énervés.

Un mois plus tard, il y a soudainement une inondation à la cantine. Pendant deux jours, les prisonniers ne pouvaient plus venir manger. Il a fallu contacter d'urgence un plombier, car le siphon était bouché et il fallait le remplacer. C'était très difficile, car il fallait payer rapidement. Ils devaient trouver des solutions. L'oncle de Jean et d'autres familles de détenus ont participé financièrement. Une association humanitaire a également contribué, afin de tout remettre en ordre. Les détenus étaient à nouveau déstabilisés. Une certaine paix est revenue...

Deux hommes, incarcérés, sont attirés vers l'un et l'autre. Ils doivent rester discrets, car c'est défendu en prison, mais à la cantine, et à l'atelier ils sont toujours ensemble. Cette nuit, ils sont allés s'aimer à l'atelier et le gardien de nuit les a vus, mais il ne va rien ébruiter. Il est déjà empêtré dans une histoire, où il y aura certainement un procès, ce qui ne lui plaît pas. Ces deux hommes l'ont un peu menacé de ne rien dire. Il est toujours sous pression avec les détenus et parfois il ne sait pas trop quoi faire.

Un détenu, un grand rusé, a failli être libéré. Il sait très bien jouer avec les gens et attirer de la pitié ; on le croirait presque. L'avocat commis d'office est entré dans son jeu, mais un juge de la Cour ne l'a pas accepté. Il avait répandu un produit glissant dans les escaliers et sa femme est tombée ; elle s'est tuée. Il voulait toucher une assurance, qu'il a réussi à obtenir pendant des années. La police le soupçonne d'avoir profité de cette assurance depuis bien longtemps depuis que sa femme est morte, et il n'a pas le droit. Il a été obligé de retourner dans sa cellule, il devenait agressif avec l'avocat d'office, mais également avec le gardien de prison. On l'a menacé de le muter dans une autre prison encore plus sévère, s'il ne se tenait pas correctement. Un autre détenu était en attente de son procès depuis quelque temps, mais l'avocat d'office étant absent, le procès a été annulé. On lui a proposé un remplaçant, mais il ne veut pas et il a répondu que les procès font partie de son travail, et c'est lui qui veut les gérer ; alors le détenu était très déçu.

Jean est sous pression au quotidien. C'est un journal qu'il écrit pratiquement tous les jours pour décrire ses souffrances et la vie en prison. Une justice qui a beaucoup de failles et ce sont toujours ces manipulateurs qui mènent un enfer partout. À l'un des procès, l'avocat d'office avait raconté des mensonges ou mal interprété l'histoire de Jean et de la bande des malfaiteurs. Ils ont rédigé des mensonges dans un rapport qui a été envoyé à la direction. C'est alors un peu tard, pour modifier ce rapport en honnêteté, que Jean a essayé de contacter la direction, mais il n'a pas réussi. Il a compris que seul un avocat pouvait le faire, mais un avocat honnête particulier, qui saurait assumer son métier.

Plusieurs détenus sont encore morts de la tuberculose. Certains ne voulaient pas se soigner, ne voulaient pas prendre d'antibiotiques, ne voulaient pas se faire vacciner, alors ils ont été contaminés. Malheureusement, la maladie était très avancée et les médecins ne pouvaient plus rien faire. Ils sont morts à l'hôpital, malgré les soins. Cela reste vraiment une maladie contagieuse. La prison reste dans la tourmente, car il est difficile de l'éradiquer et un nouveau venu doit rapidement être sous antibiotiques.

Encore une fois la prison est dans la tourmente. Il y a à nouveau une intoxication alimentaire. Une boite de petits poids et de carottes périmées en serait l'origine. Des vomissements, des troubles digestifs très sérieux, dont une hospitalisation. Les autres détenus sont également malades, mais ils sont soignés sur place. Jean également, et il a surtout des problèmes au ventre. Il a vomi, avec des crampes intestinales. Il est allé à l'infirmerie pour obtenir un thé de camomille, ainsi que des pastilles à sucer. Le médecin lui a trouvé une infection intestinale, et il doit prendre des antibiotiques. Heureusement pour lui qu'il n'en a pas beaucoup mangé. Le médecin va à nouveau passer !

Un homme vient d'être incarcéré. C'est un garagiste et il est suspecté d'avoir vendu plusieurs véhicules de marque de luxe à des prix exorbitants, dans le dos de son patron. Il aurait maquillé ces ventes en accidents, pour toucher l'assurance. Le patron s'en est aperçu et a contacté la police. Il est en attente de son procès.

Un détenu a réussi à s'évader par le toit de la prison. Il a fait de ses draps une corde, et il a réussi son évasion. Le gardien de prison a constaté que sa cellule était vide. Ce détenu était agressif et il voulait absolument partir. Il a compris qu'il fallait du temps pour lancer un procès pour retrouver la liberté. Ce détenu provoquait les autres et Jean a été obligé de faire sa toilette au lavabo avec de l'eau froide, pour l'éviter dans les douches. Il le décrit comme une véritable souffrance.

Aujourd'hui un couple a été incarcéré et ils ont été séparés. La femme ne le supporte pas, car elle veut rester en cellule avec son mari. Elle a développé une crise de nerfs et son médecin a téléphoné à la prison, pour expliquer que cette femme était malade. Elle ne supporterait pas la détention, et elle voudrait se suicider. Avec son mari, ils ont détourné des millions dans une entreprise et volés des clients. Ils sont incapables de rembourser. La demande va être analysée, et par la suite elle sera peut-être dans la même cellule que son mari. La prison ne veut pas favoriser certains détenus.

Ces derniers jours, il fait très beau temps et les températures ont grimpé. On se croirait en été indien, alors un détenu en a profité pour s'évader. Il avait creusé un tunnel en cachette, ce qui lui a permis de s'évader. C'est un ami qui venait le voir en prison qui lui a donné des conseils. Soulagé, il a réussi cet exploit difficile. Une voiture l'attendait pour prendre la fuite et le gardien de nuit a été surpris de trouver sa cellule vide. Le jour suivant, il va dans le jardin et voit deux détenus se disputer et va y mettre un terme. À l'atelier, le gardien de prison a branché une cassette de Joe Dassin (l'été indien), et deux hommes ont dansé sur cette chanson qui fut un vif succès. Ils n'étaient plus agressifs, simplement heureux de ce petit moment.
Jean, depuis sa cellule, est émerveillé devant ce beau clair de lune…

L'été indien

Tu sais je n'ai jamais été si heureux que ce matin-là
Nous marchions sur une plage un peu comme celle-ci
C'était l'Automne où il faisait beau
Une saison qui existe que dans le nord de L'Amérique
Là-bas on l'appelle l'été indien
Mais c'était tout simplement le nôtre
Avec ta robe longue tu ressemblais
À une aquarelle de Marie-Laurencin
Et je me souviens très bien
De ce que je t'ai dit ce matin-là
Il y a un an il y a un siècle il y a une éternité
On ira où tu voudras quand tu voudras

Et on s'aimera encore lorsque l'amour sera mort ,
Toute la vie sera pareille à ce matin
Aux couleurs de l'été indien.

Et puis ils ont décidé de mettre plusieurs chansons :

Et si tu n'existais pas
Dis-moi pourquoi j'existerais ?
Pour traiter dans ce monde sans toi
Sans espoir et sans regrets
Et si tu n'existais pas
J'essayerai d'inventer l'amour
Comme un peintre qui voit sous ses doigts
Naitre les couleurs du jour
Et qui n'en revient pas

Une troisième chanson pour terminer :

Salut les amoureux,
Les matins se suivent et se ressemblent
Quand l'amour fait pour vivre ensemble
Il ne suffit pas de toujours s'aimer bien
C'est drôle hier, on s'ennuyait
Et c'est à peine si l'on trouvait
Des mots pour parler du mauvais temps
Et maintenant qu'il faut partir
On a cent mille choses à faire…

(Paroles de Joe Dassin)

Une querelle de voisinage pour un chat vire au cauchemar ! Un homme vient d'être incarcéré. Son voisin, mécontent de voir le chat chez lui, lui a tiré dessus et l'a blessé. Le chat a été opéré et il s'est remis. Seulement, cette querelle a pris des proportions haineuses et il a tiré contre son voisin une balle et l'a blessé à l'épaule. Il est à l'hôpital.

Une tempête terrible a fait s'envoler la mangeoire de l'oiseau. Ce sont des bourrasques terribles où on est vite emporté. Les prisonniers avaient peur que la foudre tombe sur le toit. Jean a recherché cette mangeoire qu'il a heureusement trouvée sur le sol de la prison. Il l'a vite reprise dans sa cellule. Il devait attendre la fin de la tempête, afin de la réinstaller. Le petit oiseau n'est pas venu...

C'est en regardant un soir la télévision que Jean voit une avocate assurer la défense d'un détenu. Sa manière d'assumer retient toute son attention, car il la trouve honnête, avec une certaine sensibilité. Il contacte le gardien de prison pour faire des recherches. Il la trouve et la prie de venir voir Jean à la prison. Pour le moment, elle est débordée de travail, mais elle lui demande d'écrire son histoire. Après une semaine, elle vient le voir et le courant passe très bien. C'est une femme courageuse, déterminée et psychologue, qui arrive bien à convaincre. Il rêve de l'avoir pour son procès. Elle lui propose de venir à l'un de ses procès, mais il n'a pas le droit. Une semaine plus tard, elle le contacte et après avoir vu son dossier, lui dit qu'il n'est pas impossible à traiter. Naturellement, il faudra qu'il attende, car elle a encore plusieurs dossiers avant. L'avocate va lui faire parvenir une vidéo de ses procès. Le gardien de prison va lui ouvrir exceptionnellement la ligne pour Internet. Quelques jours plus tard, il reçoit la vidéo et la regarde. Il est épaté par la manière avec laquelle elle travaille et il voudrait qu'elle soit son avocate, mais ce n'est qu'un rêve. Il va lui demander combien coûtent ses honoraires.

Entretemps, Jean est à nouveau appelé pour nettoyer les douches. C'est très dur pour lui, et il va mettre à nouveau deux heures pour arriver au bout et y mettre de l'hygiène. Il rentre déçu et fatigué dans sa cellule, il mange un petit sandwich en se reposant. La nuit vient de tomber. Elle va être longue et il doit s'armer de patience pour sortir d'ici. Il regarde par la fenêtre de sa cellule et soudain il voit deux avions qui entrent en collision. Il n'en croit pas ses yeux : en effet c'est un accident. Il ne peut pas sortir pour voir ce qu'il se passe. Il prend un calmant pour pouvoir dormir et le lendemain, après une nuit agitée, il voit le petit oiseau revenir. « Fifi » est bien là. Il va apprendre par la télévision qu'il y a eu un accident d'avion et deux morts ; c'est affreux ! se dit Jean. Ce jour-là, il doit nettoyer sa cellule, car c'est le jour des inspections, alors encore un petit moment d'attente et l'inspecteur entre dans sa cellule. Heureusement il n'a rien trouvé de suspect, alors il va commander son repas.

Cette avocate particulière est venue le voir, mais ses honoraires sont également très coûteux. Il lui demande de baisser le prix tout en la félicitant pour son travail. Elle va réfléchir en lui donnant sa réponse dans quelques jours. Jean est sous le charme et il doit à nouveau patienter. Il se dit qu'il faut toujours attendre la bonne volonté des gens et c'est pour lui pratiquement une torture. Les gens capables se font toujours désirer, mentionne-t-il dans son journal.

Jean a été surpris de recevoir la visite d'un ancien avocat, furieux que Jean ne l'ait pas reçu, et qu'il ait été obligé de partir. Il lui fait comprendre qu'il veillerait à ce qu'il ne trouve pas de logement, de la manière dont il traite les gens. Jean s'est excusé, mais il affirme que ce n'est pas sa faute et qu'il est bloqué. Il est triste, tout en affirmant qu'il n'en a rien à faire du logement, et qu'il ferait une demande auprès du prêtre. Dans cette prison, il y a une telle pression que chacun cherche à se venger où il peut.

Le prêtre est venu le voir pour le soutenir avec une petite poésie sur la lune, étant donné qu'il regarde souvent le clair de lune, car il sait que la vie est difficile pour lui, car c'est un romantique. Il rajoute toujours des oranges.

L'homme qui est venu en cellule et qui veut tuer son voisin s'est blessé à la tête pour l'avoir cognée avec violence contre le mur, suite à de la colère. Il a été à l'infirmerie pour y être soigné. Le prêtre qui est venu également le voir pour le calmer lui a dit :

— Lorsque l'on souhaite du mal à quelqu'un, cela peut se retourner contre soi.

Malgré les bonnes paroles du prêtre, l'homme est dans une folie et il a été admis pour quelques jours en psychiatrie. L'hôpital tient le secret médical de l'endroit où il se trouve, car il faut être prudent, l'homme serait capable de s'enfuir pour aller le tuer à l'hôpital.

Jean a passé en boucle la vidéo de l'avocate, il reste attentif à sa manière de travailler. Il est intéressé et il attend sa réponse, tout en espérant de ne pas subir à nouveau une déception. Il regagne sa cellule et « Fifi » est à nouveau venu manger. Il est content et il lui parle comme d'habitude. L'oiseau vient sur son épaule et il y reste dix secondes. Cette fois, il lui a mis une poignée de graines de tournesol, qu'il a aimé.

Jean est à nouveau appelé pour nettoyer le jardin, c'est-à- dire ramasser les feuilles mortes, tout en rencontrant le jardinier, qui était en pleine discussion avec maître Averri, l'avocat commis d'office de la prison. De quoi ont-ils parlé ? Est-ce que maître Averri l'a critiqué pour lui provoquer une colère contre lui ? Car le jardinier était d'une agressivité insupportable et il a tenté de le poursuivre. Jean a rapidement pris la fuite, mais son regard était impressionnant de haine ou de violence. Il avait une canette de bière à la main et on sait que l'alcool peut entraîner de la violence, car on est plus soi-même. Jean est rapidement rentré dans sa cellule pour se protéger, mais il reste marqué. Il voulait déposer plainte, mais il ne peut pas, car il est déjà accusé de meurtre. Il est apeuré et toute la journée il est resté couché. Le lendemain il va à l'infirmerie et demande à consulter un médecin. On le lui refuse, car il n'est pas blessé. Il en a gros sur le cœur de cette maltraitance.

Pour finir, c'est le gardien de prison qui va l'examiner et le rassurer, car il lui a à nouveau apporté un petit oiseau blessé qui était caché près d'un arbre. Il a envoyé un message au jardinier : pour le moment Jean est malade et lui conseille de prendre une autre personne. Le gardien de prison le couvre, car ils ont une petite amitié cachée à la suite des oiseaux. Jean mentionne dans son journal qu'il est surpris que le jardinier le réclame. Est-ce - qu'il a vu en lui un homme fragile et qu'il veut se venger de ses frustrations ? Jean se pose des questions vu son agressivité...

La direction l'a décidé. Il fait beau temps et les détenus vaccinés peuvent aller dans la cour se promener un petit moment. Cette loi ne plaît pas à tous et il y a de la révolte dans l'air, mais les nouveaux détenus doivent se faire examiner par le médecin. De toute manière, Jean reste dans sa cellule.

À la suite de l'agressivité entre le jardinier et Jean, le prêtre est venu offrir un peu de spiritualité au jardinier, qui en avait besoin. Derrière un homme agressif se cache un homme au cœur tendre déçu de la vie qu'il mène. Il a expliqué qu'il y a beaucoup trop de problèmes dans la hiérarchie de la direction. Le prêtre lui a donné du courage et lui a expliqué que l'agressivité ne conduit à rien et que Jean est resté apeuré de cette triste aventure. Ce serait bien que des détenus s'entendent. Jean prétend qu'il y a un certain fascisme en prison et une certaine dictature. C'est très difficile, voire impossible d'échapper à des bagarres, et il rajoute qu'il y a trop de monde, mais que les bons avocats sont débordés. Chaque détenu recherche le meilleur avocat possible, sans beaucoup de ressources financières.

Jean est couché en attendant son repas et il a toujours peur d'une certaine confrontation avec l'avocat d'office, d'où il fait des cauchemars...
Seul le petit oiseau lui amène du plaisir. C'est pur un petit oiseau, écrit-il, c'est plus beau qu'un humain, qui est trop compliqué. Il pense à son père qui est décédé et qui aurait pu l'aider ?
L'avocate est venue le voir, mais elle doit terminer un procès avant d'en commencer un nouveau. Jean avait presque les larmes aux yeux en la voyant, car il la sent correcte. De plus, les honoraires proposés ne sont pas tant coûteux. Elle a les cheveux noirs et elle est jolie. Elle lui dit qu'elle va revenir et de ne pas se décourager ; elle lui donne sa carte. Elle sait qu'il sauve des petits oiseaux, et elle lui dit :
— Moi j'ai deux perroquets qui parlent un peu. Ils sont drôles. C'est beau ce que vous faites. À une autre fois ; je reviendrai !

Pour la première fois, Jean se sent un peu compris. Il entre dans sa cellule plus calme et se repose sur son lit, tout en pensant à cette avocate. Il va manger comme il peut, mais malheureusement il est obligé de continuer à se laver au lavabo avec de l'eau froide, pour éviter les bagarres. Le prêtre lui a amené les paroles de la chanson dans un petit sac, avec plusieurs oranges, pour lui éviter d'attraper le scorbut.

Chanson de Mike Brant

L'oiseau noir l'oiseau blanc
Le ciel vivait en paix
Ils ne font jamais semblant
De vivre en liberté
J'aimerais pouvoir le suivre
Tout là-haut cet oiseau libre
Que j'entends chanter dans le bleu du ciel
Dès que je m'éveille
J'aimerais pouvoir le suivre
Tout là-haut cet oiseau libre
Pour voir au-dessus des nuages
Briller le soleil
Au royaume des étoiles
Au pays d'amour
Jamais une fleur du mal
Ne verra jamais le jour
Ils partagent le meilleur
Dans un cri de joie

La différence de couleur
ça n'existe pas.
L'oiseau noir et l'oiseau blanc
Dans l'univers où il y a de la place.

Aujourd'hui, un détenu a réussi à s'échapper par la cour de la promenade. Une voiture l'attendait et un infirmier qui amenait des médicaments à la prison et qui aidait souvent Jean l'a vu monter, mais le conducteur n'a pas hésité à lui faire barrage et partir et lui foncer dessus. La personne a été très blessée, elle est restée sur le sol. Elle a été hospitalisée, mais elle est décédée.
Beaucoup plus loin, un hélicoptère l'attendait et il a réussi son évasion. Il n'a plus été retrouvé. Une enquête a été ouverte.

Le gardien de prison est venu voir Jean, en lui affirmant qu'il avait reçu un ordre par téléphone, de nettoyer la cour, et cela implique de ramasser des déchets. Jean voulait savoir qui avait téléphoné. Le gardien lui a avoué que c'était l'avocat commis d'office, mais cela devait rester un secret. Jean le supposait, mais il a reçu maintenant confirmation. Il va mettre plus de deux heures pour ce travail très dur. Il va contacter le prêtre pour se confier.

Il y a eu un procès avec un détenu qui a volé plusieurs cartes de crédit à un homme, dont la somme s'élève à plusieurs milliers de francs. Il doit tout restituer, mais le mépris de l'avocat commis d'office était imaginable, selon le détenu. On se demande pourquoi de telles personnes peuvent être engagées. Il lui a presque donné un coup de pied, et le détenu était choqué. De toute manière, il faut une caution pour être libéré, alors il ne va pas pouvoir partir tout de suite. Il va demander à un membre de sa famille de le faire et s'il ne peut pas, il va falloir encore qu'il patiente. Il est déçu, car c'est une somme importante, que tout le monde ne possède pas.

Le petit oiseau est à nouveau venu et il picore. Il lui amène la vie, car en venant il lui fait comprendre qu'un nouveau jour vient de démarrer. C'est toujours cet oiseau bleu et jaune. On dirait que l'on puisse un peu l'apprivoiser et qu'il n'ait pas très peur de venir sur son épaule, même pour quelques secondes.

Certainement encore une vengeance de la part de l'avocat commis d'office de la prison, mentionne Jean dans son journal. Il s'est fait mal à la main avec la machine à café, qui est défectueuse. Malgré la situation, le gardien de prison a reçu le message de l'obliger à nettoyer la cantine. Il lui dira que c'est l'avocat commis d'office de la prison qui l'a décidé et que ce n'est pas sa faute.

La nouvelle avocate est vite passée au palais de justice pour prendre un petit peu mieux connaissance du dossier de Jean. Naturellement, elle est tombée sur l'avocat commis, qui sortait de son bureau. Il lui a fait une remarque, mais elle lui a offert une petite boite de chocolat, en lui disant qu'il avait un beau bureau et que la ville de Nice était jolie. Il n'a pas répondu ! Ensuite, elle a quitté les lieux. À temps voulu elle reviendra pour refaire l'enquête qui avait pratiquement été classée. Elle doit s'y prendre avec beaucoup de tact pour éviter les querelles, car elle a compris que ces avocats n'apprécient pas du tout que l'on marche sur leurs platebandes. Ils ont leurs places depuis longtemps et ils veulent la conserver. Elle a l'impression qu'ils supportent difficilement d'autres avis...

Son oncle est venu le voir, mais Jean ne vient pas, car il est au bout du rouleau et il veut rester coucher. Son oncle va lui faire parvenir une enveloppe avec un mot disant qu'il va revenir et qu'il l'a aidé pour qu'il s'en sorte...

Pour un autre détenu, le procès avec l'avocat commis d'office ne s'est pas bien passé non plus . Il est accusé de trafic de drogue. L'avocat lui a reproché d'avoir amené de la drogue à une jeune femme, et le trafiquant lui répond :
— Non, je ne lui ai pas amené de la drogue, c'est elle qui est allée en chercher auprès de mon collègue.
L'avocat a continué de persister dans ses dires, et le détenu s'est également énervé en lui répondant qu'il déformait ses propos. Il est monté dans sa cellule, et il a envoyé un mail à Jean et à un autre détenu dans le but de savoir si eux aussi sont mal traités avec cet avocat. Jean ne lui a pas répondu pour se protéger, mais il mentionne dans son journal que cet avocat commis d'office est méchant, et que c'est triste

qu'il soit l'avocat de défense des prisonniers ; en réalité, il les détruit !

Un détenu sans papiers a été incarcéré et semble malade. Il est agressif, et a failli serrer la gorge d'un autre détenu, en l'étouffant, car il a peur d'être renvoyé dans son pays, qu'il a été obligé de fuir à cause de la guerre. Il a été maitrisé, mais la direction va prendre une décision.

Un homme d'un certain âge vient aussi d'être incarcéré en prison par suite d'actes de pédophilie qu'il aurait commis sur sa petite fille âgée de 6 ans. Il dit qu'elle était tellement mignonne, alors il n'a pas pu résister. La petite venait avec sa mère chez son grand-père et il lui donnait du chocolat, pour ensuite l'emmener à jouer dans un terrain à l'abri des regards ; là, il la violait. Quand sa fille est revenue le voir avec la petite, il lui avait acheté un lapin au chocolat et il voulait à nouveau l'emmener. Mais la petite ne voulait pas et elle pleurait. Elle a avoué à sa mère ce qu'il s'était passé, et la mère était furieuse. Elle a déposé plainte pour pédophilie. L'avocat d'office l'a également malmené et il lui a affirmé qu'il mériterait de nettoyer le jardin toute la journée sans manger et sans boire. De cette manière, il comprendrait le mal qu'il a fait. Cet homme était bouleversé de la cruauté de l'avocat d'office, et il était apeuré que ses paroles deviennent réalité. Il aura de la chance, par son médecin, de pouvoir être libéré, car il est malade. Il lui faut payer une caution avec interdiction d'approcher sa petite fille. Si sa fille vient le voir, ce sera sans la petite. L'avocat ne lui fera pas un grand cadeau, car deux jours avant sa libération, il lui a fait nettoyer le jardin sous la surveillance du jardinier, et l'homme était épuisé.

Après deux semaines, l'avocate est revenue voir Jean, et elle compte par la suite refaire une enquête policière de toute l'histoire. Elle n'a pas de crainte de se retrouver avec des problèmes et elle va le tenir au courant. Il faut juste lui laisser un peu de temps. En revanche, Jean veut qu'elle change le contenu de son dossier, car il y a des mensonges. Elle est d'accord de le faire tout de suite, et c'est un grand soulagement pour lui de laisser sa colère éclater après autant de mensonges. Elle lui dit :
— Vous avez bien fait, je veux la vérité. Je vais revenir dans une semaine à peu près et on va discuter ensemble.

Cette semaine est une semaine chargée. Un autre détenu vient également d'entrer en prison. Il a violenté sa femme en menaçant de la tuer. Sa femme a déposé plainte, mais dans sa cellule, ce détenu a également menacé de tuer le gardien de prison. Le détenu se plaint, car il est atteint d'insomnies et de perte d'appétit. Il est agressif, irritable et très fatigué. Cela ressemble à de la dépression. Le gardien de prison est furieux de ce comportement étrange, et avec l'accord de la direction il a été envoyé en psychiatrie pour y subir des examens. Après quelques jours, le verdict tombe : l'homme est atteint de troubles bipolaires, une maladie mentale. Il n'y aura pas de procès, car il y a des moments où il n'est pas lui-même. Il sera suivi médicalement…

Un enseignant a aussi été incarcéré pour viol sur une fille âgée de dix ans. Il a été licencié avec effet immédiat de l'école. En arrivant, il pleurait et était inconsolable. Même ses amis lui ont tourné le dos et il a été longtemps interrogé par la police, mais aussi torturé pour avouer le viol. Il clamait cependant toujours son innocence. À son procès, l'avocat d'office l'a insulté en le méprisant, en clamant qu'il était un violeur. La petite fille n'est pas venue à la barre pour témoigner les faits et l'avocat d'office l'a soutenue et plaint de ce qu'elle avait dû subir. Mais en rentrant à la maison, elle a avoué à sa mère qu'elle avait inventé l'histoire, afin qu'on parle d'elle. Elle l'a également avoué à la police et l'enseignant a été rapidement libéré. Depuis, il traine des séquelles psychologiques...
La mère a obligé sa fille d'aller s'excuser auprès de l'enseignant, mais elle ne l'a pas fait. Dans la salle d'audience, plusieurs enseignants étaient présents et révoltés de la manière dont cet avocat d'office avait traité les détenus, mais qu'il était dommage qu'un enfant puisse mentir. Il a fait des commentaires, en disant que le monde ne pouvait pas s'en sortir avec de telles personnes.

C'est encore une semaine chargée, car deux hommes sont entrés dans la même cellule. Ce sont des marchands de sommeil qui sous-louaient des appartements à des prix exorbitants à des sans-papiers. Des Asiatiques puissants. La police est intervenue pour une histoire de sans-papiers, et elle a découvert un immense réseau. Ils ont été obligés de se faire vacciner. Ils sont en attente de leur procès. Entretemps, l'avocate a rencontré la police, en la félicitant pour son travail, et en lui apportant un cadeau et une rémunération pour leur effort au quotidien. Elle lui a demandé de bien analyser les vidéos et les photos de l'entreprise où Jean a travaillé. Il y a eu des photos de fêtes de fin d'année que Jean lui a remises. Elle voudrait simplement voir les têtes agrandies des employés, et la police lui a dit qu'elle allait faire son possible. Cela tombe bien, c'est une coïncidence, car l'avocat d'office est absent pour quelques jours...

Dans la cour à promenades, plusieurs détenus sont jaloux de la libération de l'enseignant, et ils trouvent qu'il a eu de la chance. Ils sont agressifs, car ils voudraient bien être également libérés. Jean s'ennuie et il voudrait tant sortir, mais il a peur des bagarres.

Deux détenus ne s'entendaient pas et ils étaient dans la même cellule. L'un était plus fragile que l'autre. Mais le plus fragile était correct avec le gardien de prison. Hélas, ils se sont bagarrés cette nuit et l'un d'eux a été tué. Il était dans une mare de sang et le médecin est venu confirmer le décès. Le gardien de prison est désolé et se sent coupable, car il aurait dû les séparer, mais il y a tellement de détenus qu'il n'y avait pas de place. L'autre détenu va devoir s'expliquer...

Dans les barrages, l'avocat commis d'office de la prison discutait avec deux hommes inconnus. Mais de quoi ont-ils discuté, car le lendemain matin, Jean devait à nouveau faire du rangement !

L'avocate est revenue voir Jean, en lui affirmant que sur les photos il y avait toujours le même homme que l'on pouvait voir. Mais il a fallu agrandir les photos au moins du double, du triple, pour s'en apercevoir. Une simple photo n'amène rien, et elle lui a demandé :
— Vous connaissez cet homme ?
Jean lui répond :
— Oui c'est un certain Benjamin. C'est le même homme qui a foncé sur un ancien avocat !
Et sur l'une des vidéosurveillances, il y a le même homme. Nous avons un peu avancé. Je vais encore discuter avec la police avant d'aller questionner Benjamin.
Elle lui dit encore :
— Il faut rester prudent Jean, car il n'y a pas encore de procès, mais c'est un bon début.
Jean est un peu soulagé en rentrant dans sa cellule. Il va devoir patienter. La police est allée questionner cet homme, «Benjamin Dupont» et celui-ci nie tout. Il est rapidement relâché, mais sur l'une des vidéos de surveillance, il y a cet homme. La police attend de trouver le bon moment pour le piéger. Cette bande veut être plus forte que la police et elle le fait comprendre. Naturellement l'avocate a bien rémunéré la police et elle prépare discrètement le procès. Elle a bien compris que cette bande est rusée et elle prépare des preuves en douce…

La secrétaire de la régie est venue rendre visite à Jean, afin de l'informer que son logement avait été reloué. Elle n'a pas eu le choix, car c'est son responsable qui lui a demandé, même sans le consentement de Jean. Les locataires ne voulaient pas de détenus qui soient mêlés à la justice. Jean est triste, mais pas étonné. Je suis allé parler avec l'avocat commis d'office de la prison, qui nous a donné son autorisation de louer. Jean prétend que c'est encore une manipulation de sa part. La secrétaire quitte Jean en colère, mais il doit accepter. Elle va lui apporter des vêtements qu'elle a trouvés dans son armoire. Elle lui souhaite bonnes chances, tout en insistant que ce n'est pas sa faute. Jean l'a très bien compris. Il ne se serait jamais douté qu'il arriverait en prison. Il se dit qu'il faut se méfier de tout contact. Suite à cette situation, il a écrit au prêtre qu'il lui a remonté le moral, en lui affirmant qu'il lui trouverait un logement social.

L'hiver arrive. Depuis quelques jours un vent froid circule dans la cellule de Jean, et il n'a pas de couverture. Il a contacté le gardien de prison, mais sa demande n'a pas abouti. Il se demande si la situation fait partie de la vengeance. Il a très froid et il contacte le prêtre , qui va venir rapidement lui apporter une couverture et des vêtements chauds.

Jean voit depuis la fenêtre de sa cellule des prisonniers entrer. Actuellement il voit soudain un nouveau prisonnier entrer. Il a violé et tué une enfant de dix ans.

C'était l'enfant de sa compagne. Devant la prison, il y avait des gens qui le huaient. C'était impressionnant et le gardien de prison a été obligé de mettre de l'ordre...

Jean a faim, mais il n'a pas reçu son repas. Est-ce à nouveau un oubli ? Il va contacter le prêtre qui va lui amener.

Le gardien de prison qui soutenait Jean a été mêlé à la bande des malfaiteurs de Jean. Il a été blessé à l'épaule et l'homme a pris la fuite. Le gardien est en arrêt de travail pendant plusieurs jours. La police a ouvert une enquête. C'est inquiétant, car tout ce qui touche à Jean devient dangereux...

Il y a un nouveau prisonnier qui vient d'être incarcéré. Il a tué avec sadisme quantité de chats. Les propriétaires sont révoltés, car leurs chats ont disparu. Ils ont porté plainte à la police, et la police a trouvé le coupable. Un jeune qui s'apprêtait à courir après un chat et elle l'a suivi et a empêché un nouveau massacre. Le jeune homme a été convoqué et incarcéré. Devant la prison, des gens étaient rassemblés pour le huer.

Jean a rencontré par hasard un détenu à la cantine. Il n'est pas agressif, mais déprimé. Il s'est confié à Jean en disant que sa maison a été squattée pendant son absence et il a déposé plainte, mais la police ne l'a pas aidé à faire évacuer l'intrus. Il s'est énervé et une dispute a éclaté. Il a tiré sur l'homme, et l'a blessé. Il a perdu sa maison et il est révolté. Jean lui a répondu que la justice est loin d'être correcte.

Deux détenus voulaient une petite soirée. Le gardien de prison l'a autorisée. À condition de porter un masque ou d'être vacciné. Ils vont danser sur la Compagnie créole dont « Ça fait rire les oiseaux et chanter les abeilles » et l'autre chanson de Michel Polnareff :

Tous les bateaux, tous les oiseaux

ça fait rire les oiseaux
ça fait chanter les abeilles
ça chasse les nuages
Et fait briller le soleil
ça fait rire les oiseaux
Et danser les écureuils
ça rajoute des couleurs
Aux couleurs de l'arc-en-ciel

Une chanson d'amour
C'est comme un looping en avion
ça fait battre le cœur
Des filles et des garçons.

ça fait rire les oiseaux
Et danser les écureuils
ça rajoute des couleurs
Aux couleurs de l'arc-en-ciel.

À l'atelier, Jean a passé un bon moment à écouter de la musique. Il n'y avait cette fois-ci pas d'agressivité. Oh, oh, oh, rire les oiseaux !

Jean ne comprend pas ce qu'il lui arrive, car il ne peut plus entrer à l'atelier. Personne ne l'a informé. Il entre triste dans sa cellule.

Quelques jours plus tard, Jean cherchait une boisson à la cantine, lorsque soudain un détenu l'a harcelé. Il sait qu'il a trouvé une avocate et il voudrait qu'elle le défende également. Il lui dit :
— Débrouille-toi afin qu'elle vienne chez moi.
Jean lui a répondu qu'il ne pouvait pas la forcer. Si tu ne le fais pas, tu vas voir, et il criait... Le gardien de prison les a entendus et les a séparés. Mais il leur a dit que s'ils n'arrêtent pas, ils seraient mis au cachot dans le noir pendant plusieurs jours. Il a averti l'avocat maitre Averri, et il voulait tout de suite les mettre au trou. Etant donné qu'il ne vient pas vérifier, il ne l'a pas fait. Il voulait épargner à Jean ce triste sort, car il a besoin de lui pour les oiseaux. Il se dit que si l'avocat téléphone, il lui répondrait simplement « Oui, Jean est rentré dans sa cellule et il s'est calmé ». L'histoire est passée à travers les gouttes, car Jean a eu à nouveau peur, mais l'avocat n'a plus rien demandé. Le gardien de prison est allé observer le jardin, et il vu à nouveau un hérisson perdu. Il l'a ramené à la réception et il a contacté SOS Hérisson. Le gardien de prison, si dur qu'il paraisse, voue une belle sensibilité aux animaux. Il doit rester discret,

car si maître Averri le découvre, il risque la réprimande et une interdiction totale. L'avocat semble être un homme dur, avec lequel il faut rester prudent. Il se rappelle juste qu'une femme était venue voir un prisonnier avec un chien, et il était juste présent à ce moment, et il avait tenu à ce que le chien parte tout de suite. C'était hallucinant, car il avait été également condamné à tort. Cet avocat lui a également mené la vie dure. Lors de sa libération, sa femme avec son chien l'attendait. Les retrouvailles étaient sous une forte émotion.

Jean est en train de faire le ménage dans sa cellule, lorsqu'il entend des cris et il voit un homme qui arrive. Il est agressif, il ne veut pas entrer en prison. C'est un étranger qui a tué une dame retraitée, pour récupérer l'argent caché qu'elle détenait. Rusé, il a su s'approcher d'elle, pour commettre le pire. Il avait caché son corps, par peur et la police a enquêté plus d'une année pour pouvoir le piéger. Lui aussi, il sera jugé.

Plusieurs prisonniers voulaient prendre une douche et l'eau était froide. Ils ont averti le gardien de prison qui a fait le nécessaire , mais il a fallu attendre plusieurs jours, ce qui n'a pas arrangé l'humeur des détenus. L'un était particulièrement agressif de vivre dans ces conditions. D'ailleurs, il a reçu des médicaments pour être calmé. Il décrit également beaucoup de lacunes et une trop grande sévérité.

Un homme est entré de force. Suite à une rupture

conjugale, il aurait incendié la maison de sa compagne pour se venger. Sa compagne a été légèrement brulée et hospitalisée. Après une longue enquête, la police a trouvé le coupable. Il est agressif, suite à cette rupture, car elle a refait sa vie et il est très jaloux. Il est également en attente de son procès. Le gardien de prison lui a demandé de se tenir tranquille.

Soudain dans la nuit, Jean ressent des douleurs à une dent. Il contacte le gardien de prison, ce qui n'aboutit à nouveau pas. Qu'est-ce qu'il se passe ? Il contacte alors le prêtre, qui va se charger de lui obtenir une autorisation de sortie, afin de se rendre chez un dentiste d'une polyclinique. Il l'accompagne, car il a une carie dentaire, où il devrait encore venir une seconde fois. Il a obtenu également un médicament pour calmer la douleur. Il rentre à nouveau dans sa cellule. Il est triste, car il comprend que pas grand-chose n'aboutit pour lui et il est content de pouvoir compter sur le prêtre. L'oiseau revient et cela lui fait plaisir.

L'oncle a reçu un mail du prêtre qui a donc accompagné Jean chez le dentiste. Il est venu protester auprès du gardien de prison pour lui faire part de sa révolte, de ne pas répondre aux demandes de son neveu, et il trouve cela inadmissible. Le gardien lui a répondu qu'il n'était pas responsable du comportement de l'avocat, et que l'infirmier est absent ces derniers jours. L'oncle a menacé de porter plainte pour mise en danger d'autrui. Il lui a promis de faire des efforts, mais il y a trop de prisonniers et pas assez de monde. L'oncle a surtout compris qu'il n'y a pas de coordination entre l'avocat commis d'office et le gardien de prison. Il espère vraiment que l'avocate va pouvoir libérer Jean. Le gardien de prison lui a répondu de s'estimer heureux, car il avait plusieurs fois sauvé Jean de nettoyages excessifs, mais cela devait rester secret. Il lui a fait comprendre qu'il ne voulait pas avoir d'intrigues avec l'avocat, car « gardien de prison » est son gagne-pain, et que la vie serait difficile s'il devait rechercher un nouveau travail.

Deux jours plus tard, malgré ses maux de dents, Jean est à nouveau appelé pour nettoyer les toilettes. Il le fait et entre fatigué dans sa cellule. Il espère pouvoir partir. Il a froid et il va se coucher avec la couverture que le prêtre lui a amenée. Le repas du soir, c'est le prêtre qui est venu lui apporter, avec un gâteau qu'il a bien savouré. Il a ensuite été réconforté. La nuit est tombée et il aime regarder la lune et les étoiles, c'est un beau panorama. Il prend ses médicaments et il s'endort rasséréné.

Poésie sur la lune :

Avec ses caprices,
La lune est comme une frivole amante
Elle sourit et se lamente
Et vous fuit et vous importune
La nuit, suivez-la sur la dune.
Elle vous raille et vous tourmente,

Avec ses caprices,
La lune est comme une frivole amante.

       Benjamin, l'homme sur la photo et deux trois autres, ont été vraiment identifiés partout. La police contacte l'avocate et lui affirme les résultats. L'avocate va voir Jean et lui demande de se tenir prêt pour l'audience, puis elle repart. Naturellement, elle a été obligée d'inscrire le procès au tableau du palais de justice. Elle n'est pas surprise quand l'avocat d'office la contacte :

— Pourquoi ce procès ?

Elle lui répond :

— Par ce que c'est une nécessité, maitre, et vous êtes invité à participer.

De cette manière, cet avocat se sent utile qu'on lui accorde de la valeur.

Le Procès

Quelque temps plus tard le jour du procès arrive. Dans la salle d'audience, les mêmes personnes malhonnêtes. L'avocate arrive, protégée par la police. Au moment où la mère veut protéger son fils à la barre, avec des mensonges, l'avocate lui répond que ce n'est pas possible, que son fils était absent ce jour-là, car on le voit sur une photo. Elle lui montre la photo :
— C'est bien votre fils ?
Sa mère ne peut plus le couvrir et dans la salle les gens ne disent plus rien. L'avocat d'office tente de dire -Objection-, pour stopper le procès, mais la Cour rejette l'objection. C'est terminé, la bande est piégée ! car sur les photos il y a d'autres hommes, les coupables. L'avocate montre les photos des autres hommes et ils sont obligés d'avouer. Elle dit à l'avocat d'office :
— N'est-ce pas maître ? Vous ne vouliez pas que Jean s'en sorte, alors on invente des mensonges et on manipule les gens ?
L'avocat d'office lui répond :
— Ce sont mes affaires !
L'avocate se tourne ensuite vers la cour pour obtenir la libération de Jean avec les photos et une vidéo de surveillance de la police. Dix minutes plus tard, la cour rend son verdict : Jean est libéré ! il s'effondre en plein procès, de toute l'émotion et de toute cette souffrance qu'il a endurée.

Cela étant, il se reprend et il est soulagé, mais malade.

L'avocat d'office est appelé pour s'expliquer auprès d'un juge et de la haute direction, mais comme c'est un manipulateur, il va bien s'en sortir en toute impunité. Mais étant donné que l'oncle a déposé plainte pour délaissement d'autrui plus une attestation de caution d'argent, afin de lui éviter d'être muté dans le couloir de la mort, et que le prêtre avait enregistré sur son téléphone portable des propos haineux de cet avocat, car Jean a maigri de 10 kilos en prison, il a quand même été condamné à une amende de dix-mille euros.

Le gardien de prison a été convoqué et questionné. Le coupable du meurtre a été condamné à cinq ans de prison. Les autres à deux ans de prison. On peut dire que l'oncle est soulagé.

Jean doit être suivi par un thérapeute. Il tombe amoureux de l'avocate qui est très psychologue. Elle est d'accord de le revoir, et il s'est excusé auprès de la Cour pour s'être laissé entrainer.

Pour l'instant il a tout perdu : il n'a plus de vie sociable. Il a quitté la prison pour s'installer dans une grande chambre d'un foyer, pour se reconstruire après tant de souffrances.

L'avocate a eu également les pneus de sa voiture abimés, mais elle n'en a rien à faire.

Par chance après quelques jours, le petit oiseau est venu le suivre. Le foyer ne se trouve pas loin de la prison, alors ce petit oiseau a trouvé ses points de repère. Le gardien de prison a trouvé un petit perroquet, et il lui a demandé s'il pouvait l'intéresser. « Par la suite peut-être », lui a-t-il répondu !

Jean doit donc rencontrer un thérapeute, afin de se reconstruire. Et il a demandé à rester pendant quelque temps sous protection de la police. Il a rencontré également l'enseignant qui avait été accusé à tort, mais il est resté moins longtemps en cellule que lui, et il n'a pas été autant maltraité.

Jean est invité à une thérapie de groupe avec plusieurs détenus qui ont été condamnés à tort. L'enseignant prend la parole, et il affirme que l'on ne peut pas toujours croire les enfants.

Il a invité l'avocate pour la remercier du procès. Il va attendre une soirée au clair de lune pour boire un cocktail avec elle.

Postface

« Ne faites pas à autrui ce que vous ne voudriez pas qu'on vous fasse » !

Mais il est très difficile, presque impossible de lutter contre un manipulateur, car ce sont des gens trop rusés à enjôler leur monde pour obtenir le pouvoir. On est perdant face à eux. Ils ont un problème narcissique. On les rencontre dans tous les milieux. Si on a un compagnon ou une compagne manipulatrice, il est conseillé de s'en séparer, car on ne peut pas les changer.

Ils sont autoritarisme, égocentrisme, égoïsme, folie, harcèlement et maltraitance ; dépourvus de sentiments et de remords.

La vengeance fait partie du quotidien...

L'origine :

Le mot narcissique vient du nom du personnage de Narcisse, lui -même issu de la mythologie grecque. Selon le mythe, Narcisse est un jeune homme si beau qu'en se désaltérant à un point d'eau, il tombe amoureux de sa propre image reflétée à la surface de l'eau. Il ne cesse alors de se contempler, au point de se laisser mourir…

« *Un grand merci à tous les thérapeutes qui font un grand travail pour aider les victimes de manipulations* ».

Nadine Mirande

© 2022 - Nadine Mirande

Édition : BoD – Books on Demand, info@bod.fr
Impression : BoD – Books on Demand, In de
Tarpen 42, Norderstedt (Allemagne)
Impression à la demande

ISBN : 978-2-3224-0897-9

Dépôt légal : Février 2023